KB244259

한국사를 알면
세계사가 보인다

한국사를 알면 세계사가 보인다 _하

김승민과 그림떼 글·그림 | 이원복 감수

1판 1쇄 인쇄 2013. 11. 29. | 1판 1쇄 발행 2013. 12. 4. | 발행처 김영사 | 발행인 박은주 | 등록번호 제406-2003-036호 | 등록일자 1979. 5. 17. | 경기도 파주시 교하읍 문발리 출판단지 515-1 우편번호 413-756 | 마케팅부 031)955-3100, 편집부 031)955-3250, 팩시밀리 031)955-3111 | 저작권자 ⓒ 김승민, 2013 | 이 책의 저작권은 저자에게 있습니다. 서면에 의한 저자와 출판사의 허락 없이 내용의 일부를 인용하거나 발췌하는 것을 금합니다. | COPYRIGHT © 2013 by Kim Seung-Min All rights reserved including the rights of reproduction in whole or in part in any form. Printed in KOREA | 값은 뒤표지에 있습니다. | ISBN 978-89-349-6567-1 17910 | 좋은 독자가 좋은 책을 만듭니다. | 김영사는 독자 여러분의 의견에 항상 귀 기울이고 있습니다. | 독자의견 전화 031)955-3200 | 홈페이지: www.gimmyoung.com | 이메일: bestbook@gimmyoung.com

한국사를 알면 세계사가 보인다 하

김승민과 그림떼 글·그림 l 이원복 감수

김영사

　이 책은 글로벌 시대에 아주 적절한 기획이다. 국사가 수능 필수 과목이 되고, 수업도 더 많아진다는 사실이 아니더라도 역사는 국사든 세계사든 모든 이의 필수 지식이자 기초 교양이다. 역사는 과거의 기록에 머무르는 것이 아니라 오늘이 있게 된 원인이자 결과이며, 오늘은 또 내일을 창조하는 원인이자 결과로 역사는 항상 진행형이며 연속의 선 위에 있다. "과거를 모르는 민족에게 내일은 없다"는 말처럼 역사의 중요성은 아무리 강조해도 모자람이 없다. 그래서 선진국일수록 그 나라 국어와 역사를 가장 중요한 교육 대상으로 여기며, 필수 중의 필수로 여기는 이유가 여기에 있다. 역사와 언어는 한 나라 국민의 정체성 그 자체이다.

　우리는 지금까지 역사 교육에서 두 가지 오류를 범했다.

　첫째, 스토리텔링이어야 하며 재미있어야 할 역사 과목이 지루하고 암기 위주의 재미없는 과목으로 인식되어 있는데 이는 가르치는 방식에도 문제가 있다. 이 책은 만화를 통해 한국사와 세계사를 시대별로 비교해가며 재미있고 흥미롭게 이야기를 전개한다.

　둘째, 우리나라가 동북아에 위치해 지리적으로 멀리 떨어져 있다는 이유로 항상 세계사와 한국사를 따로 가르친다. 역사를 국사와 세계사를 분리해 가르치므로 우리는 언제나 '세계와 우리'로 분리해 사고한다. 그러나 글로벌화한 세계에서 더 이상 세계와 분리된 대한민국은 없다. 이제는 '세계의 우리'로 사고하고 행동해야 한다. 그런 점에서 세계사와 한국사를 시대별로 비교해 전개하는 이 책의 의도가 두드러진다. 우리나라에 불교가 들어올 때 세계에서는 어떤 일이 벌어지고 있었는지, 이순신 장군이 한산도 대첩에서 왜군을 무찌를 때 세계에서는 무슨 일이 벌어지고 있었는지 등등 한국사와 세계사를 끌어안아 비교해 독자의 역사의식을 글로벌화하는 데 크게 이바지하리라고 믿는다.

　이 작업을 이끈 김승민 교수와 그림떼에 한없는 칭찬과 격려를 보내며 이 책을 감수하는 것을 큰 기쁨으로 생각한다.

2013년 11월

이 원 복

　현재를 살아가는 어른들은 물론, 글로벌 시대를 살아가는 어린이와 청소년의 역사 공부는 매우 중요합니다. 그러나 최근에 논란이 되고 있는 학교 현장 내 저조한 한국사 교육률과 왜곡된 역사 교육, 신세대의 역사에 대한 무지는 미래를 우려하게 합니다. 역사는 단순한 과거가 아닙니다. 역사는 현재를 살아가는 우리에게 지대한 영향을 줄 뿐만 아니라, 미래를 준비하는 지혜의 보고이기에 역사 공부의 중요성은 거듭 강조해도 지나치지 않습니다.

　우리 민족은 한반도를 무대로 반만년 이상 이어져 내려온 고유한 역사를 지니고 있습니다. 세계 여러 나라의 민족도 제각각 고유한 역사가 있습니다. 특히 이웃한 나라들은 오랜 과거부터 서로 영향을 주고받아 역사가 그물처럼 밀접하게 얽혀 있습니다. 과거에 일어났던 수많은 역사적 사건이 각각의 인과 관계를 가지고 영향을 미쳐왔지요. 이는 전 세계가 긴밀히 맞물려 있는 21세기 글로벌 시대를 살아가는 우리가 한국사는 물론 세계사도 잘 이해해야 하는 이유이기도 합니다.

　이번에 기획한 《한국사를 알면 세계사가 보인다》는 총 두 권으로 구성되어 있습니다. 각 페이지마다 역사적인 사건 한 가지를 한눈에 볼 수 있도록 구성했습니다. 역사를 이해하는 데는 큰 흐름을 파악하는 것이 아주 중요합니다. 이 책은 시대별로 나누어, 비슷한 시기에 일어났던 큰 사건을 한국사와 세계사로 간추려 정리했기 때문에 동시대의 역사를 입체적으로 비교할 수 있습니다.

　선사 시대부터 광복 후 현대까지의 우리 역사와 고대 문명의 시작부터 현대까지의 세계 역사를 두 권의 이야기 속에 쉽고 재미있게 풀어냈습니다. 세계의 역사와 우리의 역사를 함께 살펴보며, 객관적이고 균형 잡힌 시각으로 역사를 바라보는 참재미의 역사 여행이 되길 기대해봅니다.

　끝으로 이 책이 나오기까지 온 정성을 기울여 작업에 참여해준 송민선, 이성희, 김증래 선생님과 김영사 여러분께 깊은 감사를 드립니다.

2013년 11월

김 승 민

1598년	낭트 칙령		**1871년**	독일 제국 재건(독일 통일)
1600년	영국, 동인도 회사 설립(~1858)		**1871년**	프랑스 제3공화정 성립
1603년	일본, 에도 막부 성립(~1867)		**1877년**	러시아·튀르크 전쟁(~1878)
1616년	누르하치, 후금 건국		**1878년**	베를린 회의
1618년	30년 전쟁이 일어남		**1882년**	삼국 동맹(독일·오스트리아·이탈리아) 성립
1620년	영국의 청교도, 신대륙으로 이주		**1884년**	청프 전쟁 일어남
1628년	영국, 권리 청원 제출		**1894년**	청일 전쟁(~1895)
1632년	인도, 타지마할 건립(~1653)		**1896년**	제1회 올림픽 대회
1632년	갈릴레이, 지동설 주장		**1898년**	중국, 무술정변
1636년	후금 태종, 국호를 청으로 바꿈		**1899년**	보어 전쟁
1640년	영국, 청교도 혁명(~1660)		**1900년**	중국, 의화단 운동(~1901)
1648년	베스트팔렌 조약 체결(30년 전쟁이 끝남)		**1901년**	노벨상 제정
1688년	영국, 명예혁명		**1904년**	러일 전쟁(~1905) 일어남
1689년	영국, 권리 장전 제정		**1905년**	러시아, 피의 일요일
1701년	에스파냐 계승 전쟁(~1714)		**1907년**	삼국 협상(영국·프랑스·러시아)
1713년	위트레흐트 조약		**1911년**	신해혁명
1776년	미국, 독립 선언		**1912년**	발칸 전쟁
1789년	프랑스, 대혁명 시작		**1914년**	제1차 세계 대전(~1918) 일어남
1790년	와트의 증기 기관 완성		**1915년**	중국, 문학 혁명
1804년	나폴레옹 1세 즉위(~1814)		**1917년**	러시아, 10월 혁명
1840년	아편 전쟁 발발		**1918년**	미국 윌슨, 평화 원칙 14개조 발표
1848년	마르크스, 공산당 선언 발표		**1919년**	베르사유 조약
1859년	인도, 세포이 항쟁(~1860)		**1920년**	국제 연맹 창립
1859년	다윈, 《종의 기원》 출간		**1921년**	중국 공산당 성립
1861년	이탈리아 왕국 성립		**1922년**	소련 성립
1863년	남북 전쟁, 링컨 노예 해방 선언		**1922년**	터키 혁명
1868년	일본, 메이지 유신		**1922년**	이탈리아 파시스트 성립

1598년	노량 해전
1610년	허준, 《동의보감》 완성
1623년	인조반정
1627년	정묘호란
1636년	병자호란
1653년	하멜 일행, 제주도 표착
1658년	나선 정벌 등 효종의 북벌 정책
1678년	상평통보 전국에 유통
1696년	안용복, 울릉도와 독도가 우리 땅임을 일본에 주장
1708년	대동법 전국적으로 실시
1712년	백두산정계비 건립
1725년	탕평책 실시
1750년	균역법 실시
1776년	규장각 설치
1781년	정조, 개혁 정치 시작
1784년	천주교 전도
1786년	서학 금지
1801년	신유박해
1811년	홍경래의 난(평안도 농민 전쟁)
1818년	정약용, 《목민심서》 저술
1839년	기해박해
1846년	김대건 순교
1851년	안동 김씨, 세도 정치 재개
1860년	최제우, 동학 창시
1861년	김정호, 대동여지도 제작
1863년	고종 즉위, 흥선 대원군 정권 장악

1866년	제너럴셔먼호 사건
1871년	신미양요
1875년	운요호 사건
1876년	강화도 조약(병자수호조약) 체결
1879년	지석영, 종두법 전래
1881년	조사 시찰단 파견, 영선사 파견
1882년	임오군란
1884년	갑신정변
1885년	광혜원 설립
1894년	동학 농민 운동
1895년	을미사변과 단발령 선포
1896년	서재필, 《독립신문》 창간, 독립 협회 설립
1897년	대한 제국 성립
1899년	경인선 철도 개통
1904년	한일 의정서 강제 체결
1905년	을사조약 강제 체결
1906년	통감부 설치, 이토 히로부미 부임
1907년	한일 신협약 체결, 군대 해산
1908년	동양 척식 주식회사 설립
1909년	안중근, 이토 히로부미 암살
1910년	한일 병합 조약 조인 공포
1911년	신민회, 105인 사건
1912년	토지 조사 사업
1914년	대한 광복군 정부 수립
1915년	대한 광복회 결성
1918년	대한 독립 선언서 발표
1919년	3·1 운동과 상하이 임시 정부 수립

1925년	5·30 사건 일어남
1927년	중국, 난징에 국민 정부 수립
1928년	파리 조약 조인
1929년	뉴욕의 주가 대폭락, 세계 대공황 시작
1930년	인도의 간디, 소금 행진
1931년	만주 사변 일어남
1933년	히틀러, 독일 총리 취임(독일 나치 정권 수립)
1936년	에스파냐 내란
1939년	제2차 세계 대전 시작
1940년	독·일·이 삼국 동맹
1941년	태평양 전쟁(~1945) 일어남
1945년	제2차 세계 대전 종전과
	국제 연합(UN) 성립
1947년	미국 대통령 트루먼, 트루먼 독트린 선언
1948년	소련의 베를린 봉쇄
1949년	중화 인민 공화국 성립(주석 마오쩌둥)
1952년	미국, 수소 폭탄 실험 성공 발표
1953년	스탈린 사망
1957년	소련, 세계 최초의 인공위성
	스푸트니크호 발사
1960년	베트남 민족 해방 전선 결성
1962년	미국, 쿠바 봉쇄
1964년	베트남 전쟁 일어남
1969년	아폴로 11호 달 착륙
1972년	미국과 중국, 정상 회담(닉슨 중국 방문)
1973년	동·서독 유엔 동시 가입
1975년	베트남 공산화

1979년	소련, 아프가니스탄 침공
1980년	이란·이라크 전쟁
1980년	폴란드 자유 노조 인정
1981년	레이건 시대 개막
1985년	소련, 고르바초프 집권
1986년	체르노빌 원전 사고
1989년	톈안먼 사건
1989년	베를린 장벽 붕괴와 독일 통일
1989년	동구권의 대변혁과 공산주의의 몰락
1991년	걸프전 일어남
1992년	소비에트 연방 해체
1993년	우루과이 라운드(UR) 타결
1995년	세계 무역 기구(WTO) 출범
1997년	영국, 중국에 홍콩 반환
1998년	아시아 경제 위기
1998년	코소보 사태
1999년	유럽 11개국, 단일 통화 유로화 채택
2001년	미국 9·11 테러 사건
2003년	이라크 전쟁
2004년	남아시아 대지진 발생
2009년	미국의 최초 흑인 대통령 오바마 취임

1920년	김좌진, 청산리 전투
1920년	유관순 옥사
1923년	일본에서 간토(관동) 대지진
	일어나 동포 대학살
1926년	6·10 만세 운동 시작
1927년	신간회 창립
1929년	광주 학생 항일 운동
1932년	이봉창·윤봉길 의거
1933년	조선어 학회, 한글 맞춤법 통일안 발표
1936년	손기정, 베를린 올림픽에서 마라톤 우승
1939년	일본 징용령 실시, 창씨개명
1940년	대한민국 임시 정부, 광복군 창설
1942년	조선어 학회 사건
1945년	8·15 광복
1946년	미소 공동 위원회 개최
1948년	대한민국 정부 수립
1949년	김구 피살
1950년	6·25 전쟁 일어남
1953년	휴전 협정 조인
1960년	4·19 혁명, 제2공화국 수립
1961년	5·16 군사 정변
1963년	제3공화국 발족, 박정희 대통령 취임
1965년	한일 국교 정상화
1970년	새마을 운동 시작
1972년	7·4 남북 공동 성명
1972년	10월 유신, 제4공화국 수립
1973년	6·23 평화 통일 선언

1977년	수출 100억 달러 달성
1979년	10·26 사건, 박정희 대통령 서거
1980년	5·18 민주화 운동
1981년	제5공화국 출범, 전두환 대통령 취임
1983년	KAL기 피격 사건
1986년	서울 아시안 게임 개최
1987년	6월 민주 항쟁
1988년	제6공화국 출범, 노태우 대통령 취임
1988년	제24회 서울 올림픽 개최
1991년	남북한 유엔 동시 가입
1992년	황영조, 바르셀로나
	올림픽 마라톤 우승
1993년	김영삼 정부 수립, 문민정부 출범
1995년	무궁화 위성 발사
1997년	IMF 외환 위기 돌입
1998년	김대중 정부 수립, 국민의 정부 출범
2000년	남북 정상 회담
2002년	제17회 월드컵 축구 대회 개최
2003년	노무현 대통령 취임
2007년	태안 기름 유출 사건
2008년	국보 1호 숭례문 화재 발생
2008년	이명박 대통령 취임

1598년 앙리 4세는 낭트에서 신교도인 위그노에게 신앙의 자유를 허용하는 칙령을 발표했어.
이 조건을 받아들이면 신앙의 자유를 허용하겠노라!

이 칙령으로 약 30년 동안 끌어온 프랑스의 종교 전쟁이 끝났지.
앙리 4세야말로 우리에게는 구세주야.
폐하 덕분에 지긋지긋한 종교 전쟁도 끝났잖아.

앙리 4세가 즉위할 당시 프랑스는 신구 양 파가 대립해 혼란이 아주 심했어.
그만들 싸우게!

왕은 사태를 수습하기 위해 구교로 개종하면서 낭트 칙령을 공포했지.
종교를 바꿔서라도 사태를 수습해야겠어.

이때부터 신교도도 공직자가 될 수 있고 관혼상제에도 참여할 수 있었어.
이젠 아빠도 높은 사람이 될 수 있단다.
와, 신 난다! 친구들에게 자랑해야지.

파리 외의 지역에서 예배할 수 있고 최고 회의, 목사회 등도 공인됐지.
그동안 못 했던 예배까지 실컷 합시다.
예배하는 곳

칙령은 비밀 조항으로 백수십 곳의 도시에 신교도의 자치권을 인정했어.
그 도시들이 신교도 반란의 거점이 되기도 했대.
신 교 도

하지만 신교 측은 지역을 제한받은 게 불만이었고, 구교는 신교를 인정하지 않았지.
예배하는 곳을 제한하지 마라!
가톨릭만이 유일한 종교다!
신교
구교

앙리 4세는 개종도 네 번이나 하고 30여 차례의 암살 위협에도 물러서지 않았어.
짐은 오로지 내 길을 갈 뿐이다.

그러나 1685년 루이 14세가 낭트 칙령을 폐지하고 신교도를 탄압했지.
짐이 곧 국가이니라! 짐의 말을 따르라!

그 때문에 약 100만 명의 신교도 중 약 40만 명이 해외로 망명했어.
난 영국 가서 살 거야.
난 네덜란드로 갈 테야.

그들은 대부분 상인, 기사, 군인이어서 프랑스는 큰 경제적 손실을 입었지.
모두 다 떠났어.
우리도 이 나라를 떠날까?
군인 모집
○○명

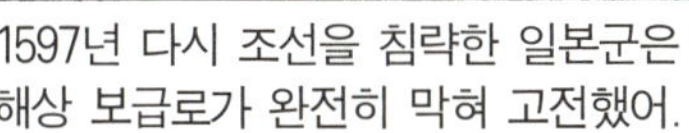

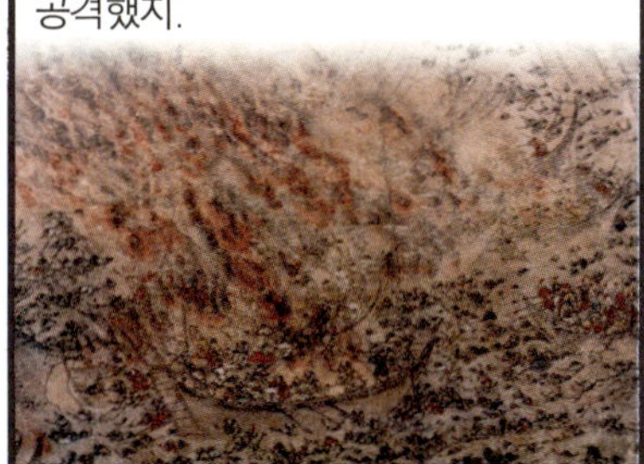

* 노량 해전을 그린 그림

뒤를 쫓던 이순신은 일본군의 총탄에 숨을 거두었으며, 7년간의 전쟁도 끝났지.

네덜란드, 영국, 프랑스는 동인도 회사를 통해 아시아에서 식민 지배 체제를 세웠어.
동인도 회사
상업 거점을 확보하고 교역을 넓히면 식민 지배는 쉬워.

네덜란드는 1602년에 동인도 회사를 설립했고, 영국은 1600년에 설립했지.
흥! 우리가 세계 최초야.
흥!
영국

당시 영국 동인도 회사는 네덜란드 동인도 회사에 비해 열세였어.
세계 최초면 뭐해? 별 볼 일 없는데.
쳇, 두고 봐.

하지만 영국 동인도 회사는 점차 영역을 넓혔고 네덜란드와 충돌했지.
우리 영역을 침범하지 마라!
영국 동인도 회사

네덜란드 동인도 회사의 총독은 영국 세력이 더 크기 전에 공격하기로 했어.
더 자라기 전에 미리 싹을 잘라야 해.
영국

그리하여 1623년 인도네시아 말루쿠 제도의 암본에서 학살 사건이 일어났지.
영국 상인 열한 명과 용병인 일본 무사 열 명 등을 죽였대.

이 사건으로 영국은 할 수 없이 인도로 관심 방향을 돌렸어.
들어가보자.
좋은 물건이 있을까?
인도

영국 동인도 회사가 인도 면직물을 유럽으로 수입하자 '대박'이 터졌지.
어머! 어쩜 옷감이 이렇게 부드럽지?
값도 싸네!
WOOO!

이를 두고 어느 역사가는 "유럽인의 겉껍데기를 모두 바꿔놓았다"고 했어.
저 옷이 전부 메이드 인 인도야.

그러자 섬유 산업이 큰 타격을 입었고, 실업 위기에 몰린 직공들이 거세게 저항했지.
일자리를 보장하라, 보장하라!

그 후 영국 동인도 회사는 프랑스를 제치고 인도에 징세와 행정권을 행사했어.
앞으로는 우리한테 세금을 내시오.
엄연히 나라가 있는데 웬일이래.
세금 고지서

1858년 마침내 영국 정부는 동인도 회사를 해체하고 인도를 직접 지배했지.
경을 인도 총독에 임명하노라.
신임장

우리 역사에서 가장 오랫동안 읽히고 사랑받은 책은 무엇일까?
힌트, 400년 전 간행되어 지금까지 읽히고 있지.
뭐지?

아직도 우리나라는 물론 일본, 중국에서도 널리 읽히고 있는, 허준이 지은 《동의보감》이야.

《동의보감》은 오늘날에도 한방에선 거의 교과서처럼 쓰이는 의학서야.
우리 역사상 최고의 베스트셀러이지.
동의보감

우리에게 한의학을 전수했던 중국은 물론 일본에서도 구해 가려고 애썼을 정도야.
25권 중에 겨우 한 권 구했지만 이게 어디야.

허준은 선조의 명으로 1596년부터 《동의보감》을 집필하기 시작했어.

1597년 정유재란으로 중단되기도 했지만, 허준 혼자 집필한 끝에 1610년 완성했지.
자그마치 15년이 걸렸군.

중국 사신은 조선에 오면 《동의보감》부터 챙겼는데 박지원의 《열하일기》도 《동의보감》의 인기를 증명하지.
조선책방
《동의보감》 있는 대로 다 주시오.

중국에 사신으로 갔던 박지원은 《동의보감》이 너무 비싸 사지 못하고 서문만 베껴 왔다고 《열하일기》에 적고 있지.
허참, 이거라도 베껴 가는 수밖에….
《동의보감》을 보급하는 것은 천하의 보배를 나누어 갖는 것이라고 극찬하는 내용이래.

《동의보감》은 당시 의학을 집대성했다는 평가를 받고 있어.
요즘 환자가 없어서 걱정이네.
《동의보감》 보고 연구 좀 하게.

《동의보감》은 지금까지도 한의학의 고전으로 꼽히고 있지.
부탁한 《동의보감》 가져왔습니다.
중국 한의원

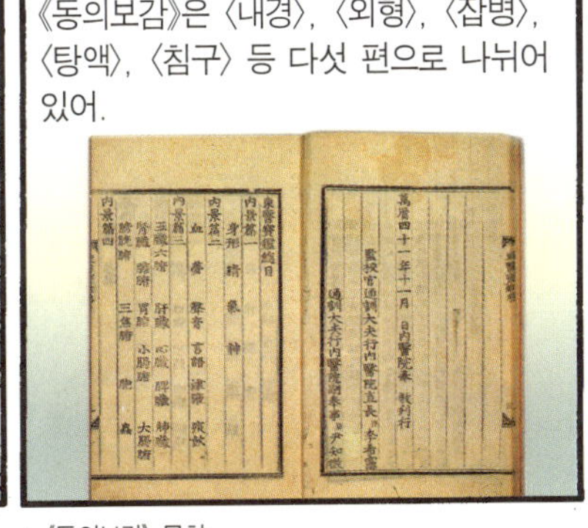
《동의보감》은 〈내경〉, 〈외형〉, 〈잡병〉, 〈탕액〉, 〈침구〉 등 다섯 편으로 나뉘어 있어.

* 《동의보감》 목차

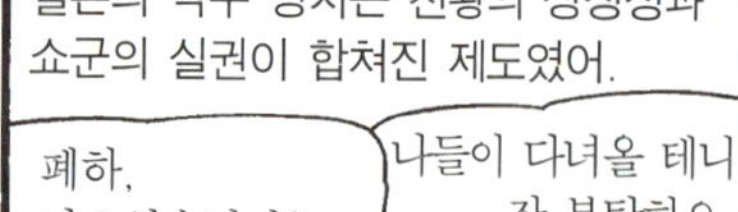

또 섬나라라는 특성상 왕을 바꾸는 것보다 새 정부를 만드는 게 쉬웠어.

에도 막부는 전국의 다이묘를 강력하게 통제하는 정책을 썼고,

서인은 후금과 명나라 사이에서 중립 외교를 한 광해군을 못마땅해했어.
대감, 후금을 멀리해 명과의 의리를 지켜야 합니다.
당연하지요.

1618년 인목 대비를 폐위하고 감금하자 반정의 명분으로 삼았지.
대비마마를 감금하다니….
도저히 안 되겠소!
부들

그래서 1623년 3월 12일을 거사일로 정하고 모든 계획을 진행시켰어.
문신과 힘을 합칩시다.
능양군을 왕으로 추대합시다.

이이반의 밀고로 거사 계획이 발각됐지만 광해군이 연회를 즐기느라 재빨리 처리하지 못해 계획대로 밀고나갔지.
전하, 역모가 있사옵니다.
뭣이!
뭣이! 음, 연회가 끝나고 잡아들여도 늦지 않을 거요.

마침내 서인은 2,000명의 군사와 창의문으로 진격했고, 포섭된 훈련대장 이흥립이 창덕궁의 성문을 열게 해 반정에 성공했어.
왕을 찾아라!

광해군은 대궐 뒷문으로 달아나 숨었으나 곧 붙잡혀 강화노로 유배되었지.

광해군 밑에서 정권을 쥐었던 대북파는 내역쇠로 참수되었어.
역적으로 몰린 게 한이로다.

이때 대북파로 몰려 죽은 자가 40여 명, 귀양 간 자가 200여 명이나 되었지.
억울하오. 난 대북파가 아니라 대남파요!

그 뒤 대북파는 정계에서 밀려났고 조식 문하의 남명 학파는 크게 배척받았어.
깨끗이 지우게.
대북파

이후 반정에 성공한 서인이 정권을 잡았고, 능양군은 인조가 되었지.
쿵쿵
서인

훗날 광해군은 제주도로 또다시 유배되어 1641년 생을 마쳤어.
참 아까운 분이야. 성군이셨는데….

만주족은 오래전부터 만주 지방에 살았는데 숙신, 말갈, 여진족 등으로 불렸어.

* 만주족

그들의 조상은 12~13세기경 금나라를 세우고 송나라를 물리치는 등 세력이 강했지.

누르하치는 몽골 제국에게 멸망한 후 뿔뿔이 흩어졌던 만주족을 통일했어.

누르하치는 건주여진 부족장의 아들로 태어났는데 할아버지가 명나라에 충성했지.

할아버지는 이타이 세력이 명나라와 싸우자 그들을 설득하려다 억류당했어.

할아버지와 함께 억류됐던 아버지까지 명나라의 아타이 공격 때 죽었지.

그 후 누르하치는 명나라의 만주 책임자 이성량의 보호로 힘을 키웠어.

그런데 이성량은 돈을 모으는 데 혈안이 돼 임무를 소홀히 하다가 쫓겨났지.

새로 파견된 명의 관리들은 막강해진 누르하치를 막기에 역부족이었어.

더욱이 명나라는 임진왜란 때 조선에 원군을 보내느라 사정이 어려워졌지.

누르하치는 명나라가 일본과 싸우는 사이 여러 부족을 통합하며 시간을 벌었어.

마침내 누르하치는 1616년 후금을 세우고 랴오닝 성에서 왕위에 올랐지.

인조 즉위 후 서인은 친명배금의 정책을 뚜렷이 내세워 후금의 심기를 건드렸어.

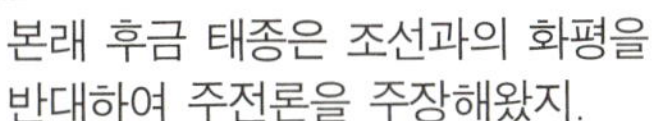
본래 후금 태종은 조선과의 화평을 반대하여 주전론을 주장해왔지.

하지만 광해군 때는 조선이 싸울 뜻이 없었으므로 문제가 되지 않았어.

게다가 명나라 장군 모문룡이 요동 회복을 꾀해 더욱 후금을 불안케 했지.

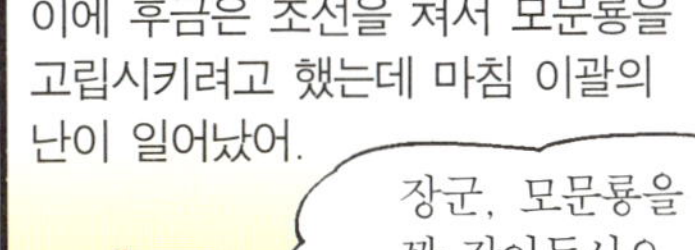
이에 후금은 조선을 쳐서 모문룡을 고립시키려고 했는데 마침 이괄의 난이 일어났어.

이괄의 잔당은 후금으로 도망쳐 광해군 폐위와 인조 즉위의 부당함을 호소했지.

후금 태종은 이괄 잔당의 부추김으로 조선을 침략할 마음을 굳히게 됐어.

1627년 마침내 후금 태종은 광해군의 복수를 구실로 조선을 침략했지.

후금군은 순식간에 의주와 평양을 돌파해 같은 달 25일 황수에 이르렀어.

그러자 소현 세자는 전주로, 인조와 신하들은 강화로 피신했지.

강화도에서 주화론과 주전론이 맞서던 중, 후금에서 강화를 하자고 연락이 왔어.

결국 주화론을 택한 조선은 후금과 화약을 맺었고 후금군은 철수했지.

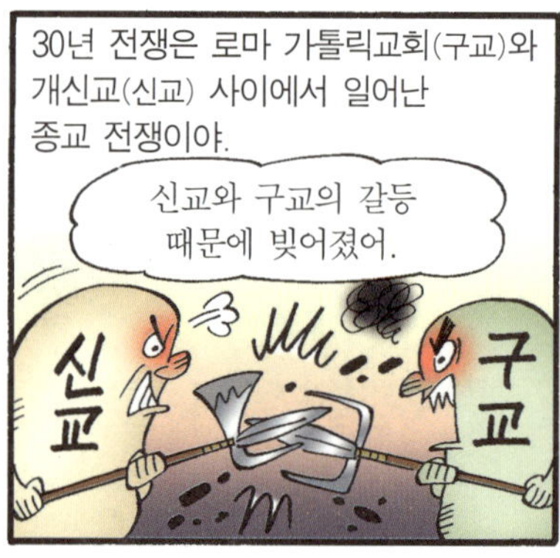

* 30년 전쟁 당시의 무기와 군인들

정묘호란 후 후금은 나라 이름을 청으로 고치고 임금의 칭호도 황제로 바꾸었어.
황제 폐하, 만세, 만만세!

조선에게는 정묘호란 때 맺은 형제의 약속을 변경해 군신의 예를 강요했지.
앞으로 조선은 우리를 왕의 나라로 섬기라고 하시오!

이에 조선은 청 태종의 국서도 받지 않고 8도에 군사 동원령을 내렸어.
무슨 일이 있어도 청나라에 굴복해서는 아니 되오!

그러자 청 태종은 직접 군사 20만 명을 이끌고 압록강을 건너 조선으로 쳐들어왔지.
이것이 1636년에 일어난 병자호란이야.

이때 임경업이 막으려 했으나, 청 태종은 옆길로 돌아 한양으로 내려왔어.
장군, 청나라 군대가 장군을 피해 다른 길로 갔답니다.
뭣이!

인조는 봉림 대군과 인평 대군 등 왕자들과 왕비를 먼저 강화도로 피란시켰지.
전하, 부디 옥체를 보존하소서!

인조도 소현 세자와 함께 뒤따라가려 했으나 이미 길이 막혀 남한산성으로 피했어.

* 남한산성 북문

그러나 이틀 후 용골대를 선봉장으로 한 청나라 군대가 남한산성을 포위했지.
물샐틈없이 포위해라!

이듬해인 1637년, 청 태종이 도착해 북한강 강가에 진을 치고 지휘했어.
황제 폐하께서 직접 지휘하신대.
항복을 받아내는 건 시간문제군.

인조는 끝까지 버티려고 했지만 성이 허술한 데다 군사와 식량도 부족했지.
전하, 더 이상 버틸 힘이 없사옵니다.
끄응~!

한편 청나라 군대는 강화도를 공격해 봉림 대군과 인평 대군을 포로로 잡았어.
전하, 항복만이 살길이옵니다!

결국 인조는 세자와 함께 성문 밖에 나와 항복하고 굴욕적인 강화를 맺었지.
아! 열성조를 무슨 낯으로 뵙겠는가?

영국의 개신교 교파인 청교도는 쾌락을 죄악시하고 사치와 성직자의 권위를 물리쳤으며 철저한 금욕주의를 주장했어.
하나님의 말씀과 성령을 따르오니 청결한 신앙생활을 하며 살게 해주세요, 아멘!

1620년 9월 16일 청교도와 가족 102명은 종교 박해를 피해 범선 두 척을 타고 영국 플리머스 항을 떠났지.
종교 박해가 없는 신대륙으로 가서 편히 삽시다.
그곳은 신천지일 거예요.

항해 중 범선 한 척이 고장이 나 그들은 메이플라워호에 옮겨 탔어.
완전 콩나물시루야.
좁더라도 조금만 참으세요.

도중에 폭풍우를 만난 메이플라워호는 석 달 후에야 신대륙에 도착했지.
아이고, 뱃멀미 때문에 죽겠네.

하지만 그들은 조류에 떠밀려 처음 목적지인 따뜻한 버지니아가 아니라 몹시 추운 매사추세츠에 도착했어.
여보, 너무 추워요.
덜 덜 덜

그들은 이름도 없는 그 항구를 떠나온 곳의 이름을 따 플리머스라고 이름 지었지.
이곳은 우리에게 마음의 고향이 될 거요.

그들은 먼 훗날 메이플라워호를 영국에서 가져와 문화재로 삼았어.
애야, 우리 선조가 타고 온 배이니 잘 봐라.

그해 겨울이 지나자, 그들 가운데 어린이와 노인 등 반 정도가 죽었지.
신대륙에 도착하자마자 힘겨운 삶을 시작했지.

인디언은 그들에게 약간의 식량과 야생 칠면조를 주어 배를 채우게 했어.
우선 이걸로 요기라도 하세요.
아이고, 이렇게 고마울 수가.

그들은 인디언에 대한 고마움을 잊지 않기 위해 추수 감사절을 만들었지.
하나님 아버지, 감사합니다.

그 후 추수 감사절에는 가족, 이웃과 칠면조를 구워 나눠 먹는 풍습이 생겼어.
맛있게 구운 칠면조를 가져왔으니 맛 좀 보세요.

네덜란드 동인도 회사의 선원인 하멜과 일행은 배를 타고 일본으로 가고 있었어.
얼마 안 있으면 도착할 거요.

그러던 중 1653년 폭풍을 만나 배가 난파돼 제주도에 닿았지.
이제 살았소.

그들은 곧 한양으로 압송되었고, 먼저 귀화한 네덜란드인 박연이 통역했어.
나도 같은 네덜란드 사람이오.
옷 꼴이 그게 뭐요?

그들은 국왕을 호위하는 부대원으로 조선에 머무는 것을 허락받았지.
조선에 머물러도 좋다는 전하의 하명이 있었소.

하지만 일본이나 네덜란드로 돌아가는 일은 금지되었어.
일본이나 본국으로 보내주시오.
조선은 이방인을 절대 외부로 보내지 않소.

한양에 머물던 그들은 감시를 받았고, 두 번의 탈출 계획이 모두 실패했지.
아, 여길 빠져나갈 수 없단 말인가?

그들은 1659년 닥친 식량난 때문에 각각 따로 전라도에 보내져 7년간 살았어.
언제고 본국으로 돌아갈 수 있을 테니 실망하지 마세요.

1666년 마침내 하멜은 일곱 명의 선원과 함께 일본으로 탈출했지.
드디어 그 지긋지긋한 곳을 벗어났다.
일본

그들은 일본 관리의 심문을 받은 후, 약 1년간 일본에 붙들려 있었어.
왜 우리를 붙들어두는 거요?
당신들 때문에 조선과 외교 분쟁이 벌어졌단 말이오.

1668년 네덜란드로 돌아간 그들은 네덜란드 동인도 회사에 요구해 보상금을 받았지.
12년 동안 받지 못한 임금을 이제야 받았군.

그때 하멜이 기록해둔 항해 일지가 바로 《하멜 표류기》야.
선원 중 하멜만이 글을 쓸 줄 아는 서기였지.
하멜표류기

그 뒤 네덜란드 동인도 회사는 《하멜 표류기》를 근거로 조선에서의 무역을 계획했지.
여기에 조선의 정치, 외교, 교육, 종교 등이 다 적혀 있네.

영국 국왕 찰스 1세는 영국 의회를 무시한 왕권신수설의 신봉자였어.
짐만이 영국을 통치할 수 있노라!

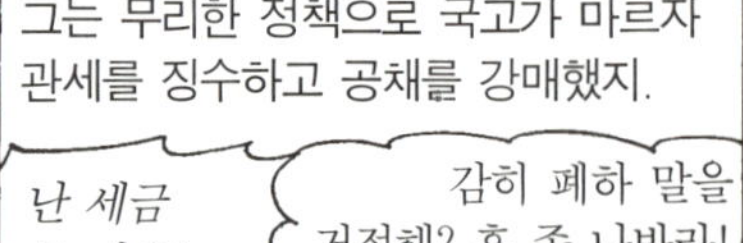

그는 무리한 정책으로 국고가 마르자 관세를 징수하고 공채를 강매했지.
난 세금 못 내요!
감히 폐하 말을 거절해? 혼 좀 나봐라!

이런 왕의 처사에 국민의 불만이 높아졌지만 항의할 길이 없었어.
왕이 아니라 폭군이야!
하지만 어떻게 해볼 수가 없잖아?

한편 잦은 전쟁으로 돈이 떨어진 찰스 1세는 과세를 위해 의회를 소집했지.
아쉬우니까 우릴 부르는구먼.
흥, 무시할 때는 언제고.
의회소집공고

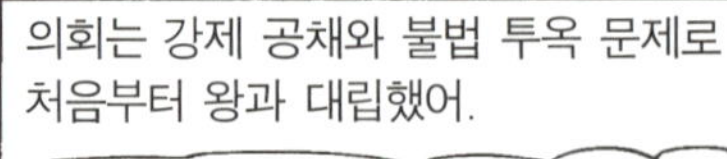

의회는 강제 공채와 불법 투옥 문제로 처음부터 왕과 대립했어.
이번 기회에 본때를 보여주세.
맞아. 그냥 넘어가면 안 돼.

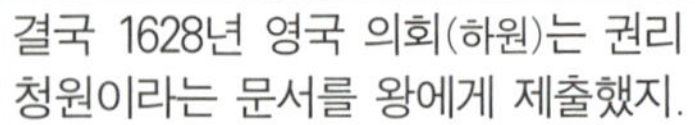

결국 1628년 영국 의회(하원)는 권리 청원이라는 문서를 왕에게 제출했지.
에드워드 쿡이 중심이 되어 의회의 이름으로 작성했어.
권리청원

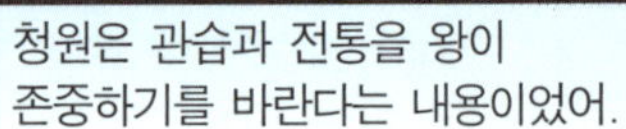

청원은 관습과 전통을 왕이 존중하기를 바란다는 내용이었어.
내 마음대로 할 수 있는 게 하나도 없군.

이렇게 되자 찰스 1세는 의회의 요구를 따르지 않을 수도 없었지.
폐하, 의회의 뜻을 존중하셔야 합니다.
혹 떼려다가 더 큰 혹을 붙였어.
꽝!

찰스 1세는 마지못해 이를 승인했으나, 실천하긴커녕 전제 정치를 계속했어.
폐하가 의회의 동의 없이 세금을 징수했어.
완전히 멋대로야!

왕이 약속을 지키지 않자, 의회는 1629년 다시 결의했지.
의회의 승인을 얻지 않고 멋대로 하는 자는 영국의 적이다!

격노한 찰스 1세는 주동자 아홉 명을 체포, 런던 탑에 감금하고 의회를 해산시켰어.
감히 짐을 적으로… 당장 의회를 해산시켜라!

그 후 11년간 의회를 소집하지 않고 전제 정치를 펴 청교도 혁명의 원인이 되었지.
의원님들이 안 계시니 거미가 주인이야.

오랫동안 청에 볼모로 잡혀 갖은 고생을 한 효종은 청에 원한이 많았어.
반드시 청을 정복하리라!
조선

효종은 즉위 후 숨어 지내는 선비를 등용하고 김자점 등의 친청파를 몰아냈지.
이제 우리 세상이 오려나?

또한 남인 인사를 등용해 서인을 견제하고 붕당 정치를 구현했어.
서인
남인
웬만하면 집에서 쉬게.

1652년에는 북벌의 선봉 부대인 어영청을 강화하고 군사도 늘렸지.
이로써 짐의 힘이 막강해졌어.

또한 한성 외곽의 방비를 보강했고, 지방군의 핵심인 속오군의 훈련을 강화했어.

그뿐 아니라 당시 귀화한 네덜란드인 박연을 통해 조총을 개량, 생산했지.
방아쇠를 부싯돌식으로 바꾸면 바로 화약이 폭발, 탄환이 발사돼요.

그 무렵 청은 조선 조총군의 힘을 빌려 나선(러시아)을 전벌하고자 조총 군사들을 영고탑으로 보내라고 요구했지.
나선을 정벌해야 하는데 경들은 어찌하면 좋겠소?
폐하, 조선의 조총군이 막강하다 하오니 도움을 청하소서.

조선 조정은 심의 끝에 조총 군사 100명과 다른 병력 50명을 파견해 청나라 군사와 함께 나선 군대를 무찔렀어.
이것이 1654년 4월의 제1차 나선 정벌이야.

조선은 1658년 6월 청의 요청에 따라 다시 조총 부대로 제2차 나선 정벌에 나섰지.
지난번보다 더 많이 파견한다면서?
난 두 번째야.

이후 조선은 나선 정벌을 핑계로 군비를 늘리는 등 북벌 작업에 박차를 가했어.
황제께서 요즘 조선이 수상하다고 알아보라 하셨습니다.
우리가 힘을 키워야 나선을 정벌하지 않겠소?

하지만 국제 정세가 나아지지 않았고 효종이 죽어 북벌 정책은 실패했지.
북벌의 꿈을 이루지 못할까 걱정이오.
전하, 옥체를 보존하소서!

'마할의 왕관'이라는 뜻의 타지마할은 인도 아그라에 있는 이슬람교 영묘야.

* 타지마할

인도 무굴 제국의 제5대 황제 샤자한이 사랑하는 왕비를 위해 세웠지.
왕비, 편하게 잠들게 해주겠소.
콰앙
쿵
공사중

인도 이슬람 건축을 대표하는 걸작이자 세계에서 가장 화려한 건물로 꼽혀.
영묘는 1632년에, 전체는 1653년에 완공되었죠.
○○여행사

샤자한과 두 번째 왕비 뭄타즈 마할은 전쟁터까지 동행할 정도로 금실이 좋았지.

그러나 왕비가 열네 번째 아이를 낳다가 그만 세상을 떠나고 말았어.
왕비마마, 흑흑흑!

샤자한은 왕비에게 아름다운 무덤을 지어주기로 결심했지.
아, 왕비! 당신에게 가장 아름다운 무덤을 지어주겠소.

무덤 건설에는 2만 명이 동원됐고 치장할 보석도 곳곳에서 들여왔어.
자네도 무덤 만들러 가나?
요즘 모두 그 일만 하지 않는가.

마침내 22년에 걸친 기나긴 공사 끝에 타지마할이 완공되었지.
만세! 지긋지긋한 일이 끝났다!
허허, 자부심을 가지게.

하지만 샤자한은 타지마할 건설에 큰 국력을 소모해 백성의 원성을 샀어.
정말 아름다운 건물이야.
쯧쯧, 백성의 피와 땀을 너무 많이 흘렸어.

결국 샤자한은 물러나 타지마할이 마주 보이는 아그라 성에 갇혀 말년을 보냈지.
날마다 당신 무덤을 마주 볼 수 있어 행복하오.
타지마할
아그라 성

죽은 왕비를 그리워하던 샤자한은 매일매일 타지마할을 바라보며 생을 마감했어.
황제도 타지마할에 묻혔지.

타지마할은 뛰어난 건축물이며 황제의 깊은 사랑이 담긴 아름다운 무덤이야.
가엾은 백성들의 넋이 깃들어 있는 애통의 묘이기도 해요.

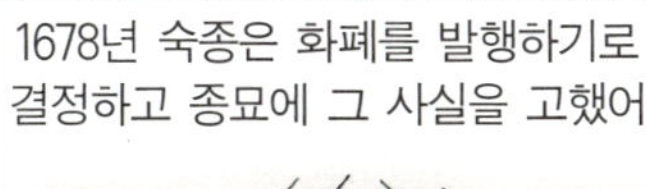

1678년 숙종은 화폐를 발행하기로 결정하고 종묘에 그 사실을 고했어.

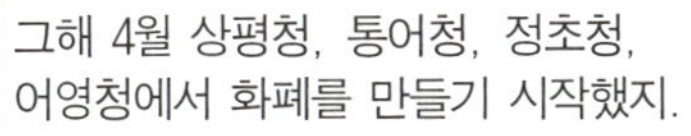

그해 4월 상평청, 통어청, 정초청, 어영청에서 화폐를 만들기 시작했지.
이것만 있으면 뭐든지 살 수 있는가?
그렇대.

또한 전국의 주요 관청에서도 상평통보를 만들어 사용하게 했어.
이 조그만 걸로 뭘 해요?
그걸로 물건을 사면 돼.

하지만 그 후 1년 동안 상평통보는 전혀 유통되지 않았지.
백성이 돈에 대해 모르고 믿지 못하니 쓸모가 없군.

그래서 1679년부터는 호조에서만 발행하게 해 통화량을 줄였어.
이걸 가져가면 관청에서 옷감과 바꿔준대.
쓸데도 없는데 잘됐네.

그러자 2년 후에는 통화량이 부족해져서 오히려 돈이 귀해졌지.
허허, 요즘은 돈 구경하기가 힘들구먼.

1681년 다시 어영청과 공조에서 상평통보를 만들게 했어.
다시 일거리가 생겨서 좋군.
돈을~ 많이 많이 만드세~♪

그 뒤 전라도와 평안도 감영에서도 상평통보를 발행하는 등 전국에 퍼졌지.
슬슬 팔도 유람이나 하지.

1689년 화폐 발행을 중단하기도 했지만 1601년 디시 상평통보를 빌힝했어.
전하, 화폐를 다시 발행해야 하옵니다.
좋소. 훈련도감과 종늉청에서 발행하게 하시오.

마침내 조정의 노력으로 상평통보는 전국에서 유통되었지.
조선 말기부터 전국에 유통되었던 유일한 화폐였대.

실록은 "노파나 행상도 물건값을 화폐로 받고자 한다"라고 쓰고 있어.
옛소, 쌀 한 자루면 되죠?
난 돈만 받아요.

쌀 한 섬이 상평통보 다섯 냥, 무명 한 필은 두 냥 정도였지.
영의정 월급이 상평통보로 열여덟 냥, 요즘 돈 54만 원 정도래.

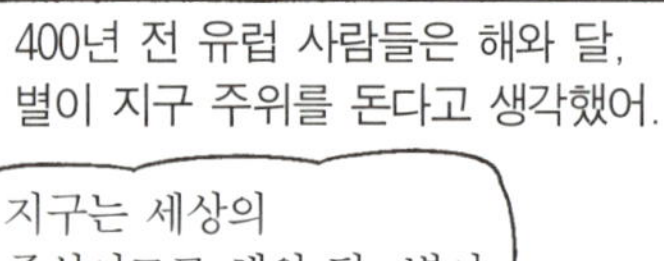

400년 전 유럽 사람들은 해와 달, 별이 지구 주위를 돈다고 생각했어.
지구는 세상의 중심이므로 해와 달, 별이 지구 주위를 돕니다.

하지만 당시 코페르니쿠스는 지구가 태양 주위를 돈다고 생각했지.
코페르니쿠스
코페르니쿠스 말대로 지구가 태양 주위를 도는 게 확실해!

이는 교회의 가르침에 반하는 것이어서 이렇게 말하는 것은 큰 죄가 되었어.
하지만 교회의 가르침과는 완전히 다르잖아.

갈릴레이는 코페르니쿠스가 쓴 《천체의 회전에 관하여》를 읽고 감탄했지.
갈릴레이는 망원경으로 하늘을 관찰하며 자신의 생각을 확신했어.
옳거니!

마침내 갈릴레이는 코페르니쿠스의 이론을 바탕으로 《별의 전언》이라는 책을 펴냈어.
드디어 내 연구가 결실을 맺었어!
별의 전언

교황청은 긴장했지만 갈릴레이가 신앙이 깊었기 때문에 싸움은 격렬하지 않았지.
잠깐 이리 오시오.
그냥 조용히 갈게요.
교황청

1615년 갈릴레이는 교황청에 이단으로 고발되었고, 그 후 실랑이가 벌어졌어.
이단자!
난 학자일 뿐이오!

갈릴레이는 확신을 가지고 있었기 때문에 주장을 멈출 수가 없었지.
누가 뭐래도 난 이 길을 갈 거야!
진실

1632년 갈릴레이는 지동설을 주장하는 또 한 권의 책을 피렌체에서 펴냈어.
이 친구 사상이 불온해!
혼이 나야 정신 차릴걸!
갈릴레이 저

교회는 더 이상 두고 볼 수 없었기에 갈릴레이를 종교 재판소로 불렀지.
소환장
갈릴레이는 재판정으로 출두하라!

마침내 70세의 갈릴레이는 종교 재판장 앞에 무릎 꿇고 용서를 구했어.
지구가 돈다고 주장한 제가 틀렸습니다. 용서해주세요.

그 후 책은 모두 압수되어 태워졌고, 갈릴레이는 평생 집에 갇혀 살았지.
지금도 지구는 돌고 있어.

동래부 출신 어부 안용복은 동래 수군에 들어가 능로군에 복무했고, 부산 왜관에 자주 드나들어 일본 말을 잘했어.
오, 우리 말을 참 잘하십니다!
허허, 이 정도 가지고 뭘 놀라시오?

1693년 안용복은 고기잡이를 하러 울릉도에 들어온 일본 어부들을 꾸짖다가 부하 박어둔과 함께 일본으로 잡혀갔지.
울릉도는 엄연히 조선 땅이거늘 허락도 받지 않고 함부로 고기를 잡을 수 있습니까?

결국 안용복은 막부로부터 울릉도가 조선 땅임을 확인하는 서계*를 받았어.
큰일 하셨습니다.
당연한 것 아닌가?

그런데 돌아오는 도중 나가사키에서 대마도 도주에게 서계를 빼앗겼지.
이리 주고 들어가 있어!
나쁜 놈!
툭!

대마도 도주는 울릉도를 차지하려고 서계를 위조해 일본 사신을 동래에 보냈어.
다케시마는 우리 땅이니 조선 어부들이 고기를 잡지 못하게 하시오.

* 서계: 증거로 쓰이는 문서

그러자 조정은 울릉도가 조선 땅임을 밝힌 예조 복서를 일본 사신을 통해 보냈지.
쓸데없는 말썽 일으키지 마시오.

한편 대마도 도주는 예조 복서를 돌려주면서 울릉도라는 말을 빼달라고 요청했어.
여기 적힌 울릉도라는 말을 빼달라고 하시오.

화가 난 조선은 일본의 무례함을 꾸짖는 예조 서계를 일본 사신에게 주었지.
왔다 갔다 바빠죽겠네!

1696년 안용복은 울릉도에서 고기를 잡던 일본 어선을 발견하고 따라가 문책했어.
우리 땅에 들어와 고기 잡지 말라고 했지?

또 일본에 가서 호키슈 태수에게 사과를 받고 돌아왔지만 압송되어 귀양을 갔지.
나라의 허락 없이 국제 문제를 일으켰다는 죄목이었지.

1697년 막부는 대마도를 통해 잘못을 사과하고 울릉도가 조선 땅임을 인정했어.
일본이 울릉도가 조선 땅이라고 인정했답니다.
내 죄는 풀리지 않았지만 여한이 없네.

* 명과 청 왕조의 궁궐이었던 베이징 자금성

대동법은 조선 중기 이후 여러 가지 공물을 쌀로 통일해 바치게 한 제도야.
이때 걷은 쌀을 대동미라고 해.

임진왜란 이후 지방의 특산물을 바치던 공납에서 여러 가지 폐단이 생겼지.
아니, 우리 지방에서 나오지도 않는 물건을 바치라니!

그래서 관리가 공물을 대신 납부하고 농민에게 대가를 받는 방납이 성행했어.
내가 공물을 대신 내줄 테니 다른 걸 나에게 주게.

하지만 높은 대가 때문에 농민의 부담이 커졌고 나라 수입은 줄었지.
휴, 다 빼앗기면 뭘 먹고 사나?

이에 조광조, 이이, 유성룡 등은 공납을 쌀로 내게 하자고 주장했어.
음, 쌀로 대신하자…? 좋은 생각이야.
끄덕 끄덕

이에 1608년 광해군은 선혜청을 두어 대동법을 실시했지.
이젠 공물을 쌀로 내라는군.
한시름 덜었네.
선혜청

그 무렵은 전쟁으로 토지가 황폐하고, 나라의 수입이 크게 줄어든 때였어.
휴, 그놈의 왜란과 호란이 원수야.

경기도부터 시작해 공물을 대동미, 곧 한 결당 쌀 말수로 환산해 걷었지.
우리 지방이 방납의 폐해가 제일 컸는데 다행일세.

선정한 공인이 물품을 구입해 납부하고 대금은 대동미로 지불했어.
이게 뭡니까?
물품 대금일세.

1708년 숙종 때 함경도, 평안도, 제주도를 제외한 전국에서 시행했지.
인조 때는 강원도, 효종 때는 전라도와 충청도에서 실시했지.
대동법 실시

일부 산간 지방에서는 베(대동목)나 화폐(대동전)로 걷기도 했어.
쌀이 별로 없는데요.
베나 돈으로 내도 괜찮네.

대동법으로 상품화폐 경제가 발전했으며, 재정난을 어느 정도 해소할 수 있었지.
이제 어느 정도 숨통이 트였어.

찰스 1세가 스코틀랜드에 국교를 강요하면서 1639년 전쟁이 일어났어.
신교인 장로파에게 국교를 믿으라니.
말도 안 돼!
스코틀랜드

찰스 1세는 전쟁 자금을 얻기 위해 1640년 11년 만에 의회를 소집했지.
흥, 의회를 무시할 때는 언제고….
소집 요구에 응하지 마세.
의회

마침내 왕당파와 의회파 사이에 충돌이 일어났고 의회파가 혁명을 일으켰어.
의원들을 모조리 잡아들여라!

이 혁명을 청교도 혁명이라고 하는데 많은 의원들이 청교도였기 때문이지.
최초의 시민 혁명이었어.

1646년 옥스퍼드에서 왕당파가 항복하고 찰스 1세는 포로가 되었어.
놔라! 짐은 영국의 국왕이노라!

이후 탈출한 찰스 1세는 스코틀랜드에 원조를 청하는 비밀 협상을 맺었지.
도와달라고요?
쉿, 비밀이오.

그 바람에 왕당파의 반란이 일어나고 스코틀랜드가 영국으로 쳐들어왔어.
국왕이 부추겨 스코틀랜드가 쳐들어왔대.
이젠 국왕을 믿을 수 없군.

1649년 1월 30일 결국 영국 의회는 찰스 1세를 대역죄로 처형했지.
국왕을 사형에 처하노라!
탕탕탕

의회는 공화정을 선포하고 연방을 수립했으며, 크롬웰을 호국경으로 선출했어.

* 크롬웰의 초상화와 동상

하지만 연방 정치는 순조롭지 않았고, 의회는 화평파와 독립파로 나누어졌지.
우리 편은 여기 붙어라!
우린 호국경 편이다!
화평파
독립파

독립파의 지지를 받았던 크롬웰은 의회와 마찰을 일으켜 1653년 의회를 해산시켰어.
모두 해산!
의회

1658년 크롬웰이 죽자 공화정은 무너졌고, 1660년 왕정으로 돌아갔지.
뭐니 뭐니 해도 폐하께서 나라를 다스려야 합니다.

1712년 조선은 국경을 정하기 위해 청나라의 제안에 따라 백두산정계비를 세웠어.
이로써 청과의 국경이 확실해졌군.
大淸

백두산 정상에서 남동쪽으로 4킬로미터 떨어진 해발 2,150미터에 세웠지.
어? 물이 청나라 강으로 흘러서 들어가네.
혼나기 전에 그냥 여길 경계로 정하세.

백두산은 고구려와 발해 때는 우리나라 땅이었으나, 영토가 줄면서 일부만 속했어.

그 후 1437년에 6진을 설치하면서 백두산과 두만강, 압록강이 국경선이 되었지.
여진족 침입을 막기 위해 설치했어.
6진
온성
중성
경원
경흥
회령
부령
백두산
두만강

1674년에는 두만강 상류에 무산진을 설치, 두만강 내 전부를 조선 땅으로 확정했어.
여긴 우리 땅이니까 넘보지 마!

하지만 압록강과 두만강의 원류인 백두산 근처 경계는 명확하지 않았지.
백두산에서는 큰소리 못 치겠어.

한편 청나라 강희제는 만주족의 발상지로서 백두산에 관심을 가졌어.
오, 과연 우리 주상이 일어난 신령한 산이야

그래서 강희제는 1677년 백두산을 장백산지신에 봉해 제사를 지냈지.
장백산 신령이여, 비나이다!

청나라는 1712년 조선에 통보한 뒤 목극등을 파견해 국경을 답사하게 했어.
경이 장백산에 가서 국경을 조사하고 오시오.

조선에서는 반대도 있었으나, 청의 요구에 응해 접반사를 파견했지.
우리의 책임이 막중하오.
청이 제멋대로 하게 할 수 없죠.

목극등은 접반사가 늙고 허약해 험한 길을 갈 수 없다며 무산으로 보냈어.
그 몸으로 산이나 올라갈 수 있겠소?
쯧쯧!

그러고는 조선의 다른 관리와 더불어 백두산에 이르러 정계비를 세웠지.
여기다 정계비를 세우시오.
쳇, 자기 멋대로야.

보헤미아의 반란에서 시작된 30년 전쟁은 독일을 무대로 전개되었지만,

덴마크와 네덜란드, 스웨덴, 프랑스, 에스파냐 등이 참여한 국제 전쟁이었지.

신성 로마 제국의 황제 페르디난트 3세는 1641년 전쟁을 끝내자고 했어.

1644년 봄부터 황제와 66개의 연방 대표, 프랑스, 스웨덴, 에스파냐, 네덜란드 등이 참여한 강화 회의가 시작되었지.

협상은 흥청망청한 분위기로 성과가 없었는데, 1648년 봄 프랑스가 황제군과 에스파냐군에 승리하면서 진전되었어.

마침내 1648년 10월 24일 베스트팔렌의 오스나브뤼크에서 조약이 체결되었지.

이 조약으로 로마 가톨릭교회와 신성 로마 제국의 지배가 무너졌어.

조약은 가톨릭, 루터파, 칼뱅파에게 동등한 지위를 부여했지.

가톨릭 제국인 신성 로마 제국이 무너진 거야.

황제와 교황의 권력은 약해졌고, 정치는 종교의 영향에서 벗어났어.

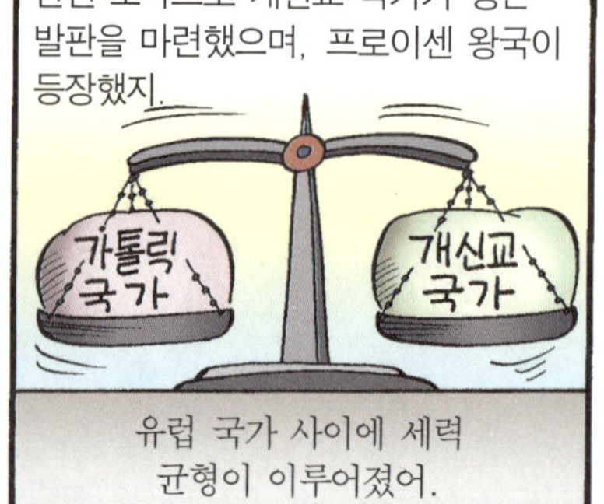

한편 조약으로 개신교 국가가 생존 발판을 마련했으며, 프로이센 왕국이 등장했지.

이 전쟁으로 네덜란드와 스위스는 독립을 인정받았고, 프랑스는 영토를 넓혔어.

탕평책은 영조가 당파 싸움을 없애기 위해 추진한 정책이야.
임금은 어느 한쪽을 편들지 않고, 당을 이루지도 않게 해야 해.

왕이 되기 전 당쟁을 뼈저리게 겪은 영조는 1724년 즉위하자 교서를 내렸지.
짐은 당파 싸움을 없애는 데 힘을 기울이겠노라!

1730년 그를 옹립하는 데 공이 컸던 노론과 소론의 대표를 불러 화목을 권했어.
경들이 사이좋게 지내는 걸 보고 싶소.
노론
소론

당파를 뛰어넘어 인재를 등용하고 당론에 관련된 상소를 못 올리게 했지.
우린 소론이니 관직에 나가기 힘들겠어.
전하께서는 당파를 안 따진대.

그런데 1728년 정권에서 소외된 남인과 소론의 일부가 이인좌의 난을 일으켰어.
노론과 영조의 탕평책에 반대해 일으킨 반란이야.

그러자 영조는 붕당을 없애는 걸 기본 목적으로 한 탕평을 적극 추진했지.
이인좌의 난도 붕당 때문이니 당을 없애야겠소.
지당하신 말씀이옵니다.

즉 한쪽의 인물을 쓰면 반드시 그만한 직위에 그 반대쪽 인물을 기용했어.
하지만 남인은 포함이 안 돼 한계가 있었지.
노론
소론

1742년에는 '탕평비'를 세우는 등 당쟁을 없애는 데 온 힘을 쏟았어.
과연 비석이 효과가 있을까?

하지만 당쟁의 기세는 꺾이지 않았고 사도 세자 사건으로 시파와 벽파가 생겼지.
세자 저하는 억울하게 죽었소!
아니오, 죽어 마땅했소!

영조의 뒤를 이은 정조도 당파를 없애기 위해 계속 탕평책을 추진했지.
할바마마의 뜻을 받들어 꼭 탕평책을 이루어내겠사옵니다.

정조는 자기 침실에 '탕탕평평실'이란 이름을 붙이고 편액을 걸기도 했어.
꿈속에서라도 잊지 않겠어!
蕩蕩平平室

그리고 남인을 영의정에 앉히는 등 적극적인 노력으로 큰 효과를 거뒀지.
전하는 출신을 가리지 않고 서얼도 등용하시는군.
덕분에 붕당 정치가 사라지고 있어.

크롬웰이 죽은 후 왕이 된 찰스 2세는 가톨릭을 보호하고 전제 정치를 강화했어.
경들은 반드시 짐의 뜻을 따르시오!

이에 의회는 심사율과 인신 보호법을 제정하면서 맞섰지.
탕탕탕! 이로써 새로운 법이 통과되었소!
탕탕탕!

하지만 찰스 2세의 뒤를 이어 왕이 된 제임스 2세도 가톨릭을 보호했어.
이번 폐하도 마음에 안 들어!
인기투표하면 꼴찌일걸.

제임스 2세는 1687년 신앙 자유령을 공포, 가톨릭교도와 신교 반대자를 규제하던 법률의 효력을 정지시켰지.
가톨릭교도와 신교 반대자를 건드리지 마!

캔터베리 대주교와 주교 여섯 명이 반대 청원을 제출했으나 선동죄로 기소됐어.
감히 짐을 비방하고 대들다니!

그들은 1688년 가톨릭교도인 왕비가 아들을 낳자 석방되었지.
이런, 가톨릭교도가 계속 왕위를 잇겠는걸.
그럼 가톨릭교도만 감쌀 것 아니야?

그러자 의회는 평화적인 방법으로 국왕을 바꾸려고 시도했어.
의장님, 폐하에 대한 국민의 불만이 엄청납니다.
음, 국왕을 바꿔야겠어.

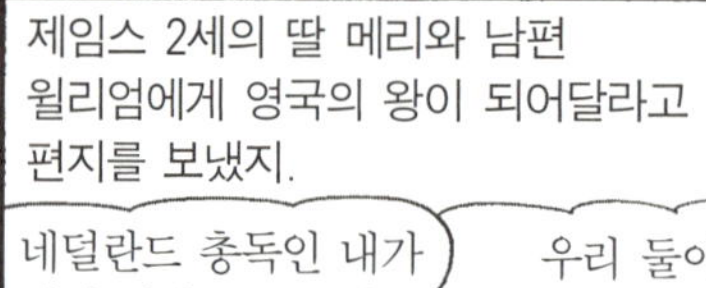

제임스 2세의 딸 메리와 남편 윌리엄에게 영국의 왕이 되어달라고 편지를 보냈지.
네덜란드 총독인 내가 왕이 된다고… 좋지!
우리 둘이 함께하래요.

윌리엄과 메리가 군대를 끌고 영국에 들어왔고 제임스 2세는 프랑스로 달아났어.
쳇, 딸과 사위에게 왕위를 빼앗기다니!
프랑스

1689년 1월 의회는 프랑스로 도망간 제임스 2세가 왕위를 포기한 것으로 간주했지.
두 분에게 왕위를 넘겨줍시다!
옳소!

윌리엄과 메리는 함께 영국 왕에 올랐고 그 대가로 의회가 제출한 권리 장전을 승인했어.
음, 법이 왕권보다 위에 있다고….
빨리 서명하세요.

이 혁명은 피 한 방울 흘리지 않고 이루어졌다고 해서 '명예혁명'이라고 해.
무력 충돌 없이 혁명이 성공했으니 다행이야.

조선의 농가 경제를 몰락시키고, 국가 재정을 멍들게 한 것은 군역이었어.
입에 풀칠하기도 힘든데 쟤들 군역을 어떻게 내나?

조선 후기의 군역은 양인만 부담하는 것이라서 양역이라고도 불렀지.
차라리 백정으로 태어날걸.

보통 군역은 군대에 가는 대신 1년에 1인당 베나 무명 두 필을 내는 거였어.
군대 가는 것보다 낫지.
군대를 가고 대신 옷감을 모으면 장가 밑천을 모을 텐데.

일종의 세금이었는데 가난한 농민에게 그 부담이 떠넘겨졌지.
자넨 딸만 있어서 좋겠어.

군역의 폐단을 시정하기 위해 1750년 영조 때 균역절목청을 설치했어.
이듬해 이름을 균역청으로 바꾸었지.
균역절목청

그리고 영조의 명으로 1년에 두 필 내던 군포를 한 필로 줄여 균역법을 실시했지.
반으로 줄어서 다행이야.
난 아들이 다섯이니까 1년에 다섯 필이나 주네.

균역법으로 군포가 부족해지자 일부 양반층에게도 군포를 납부하게 했어
쳇, 이름뿐인 선무군관! 대신 세금을 내란 말이지.

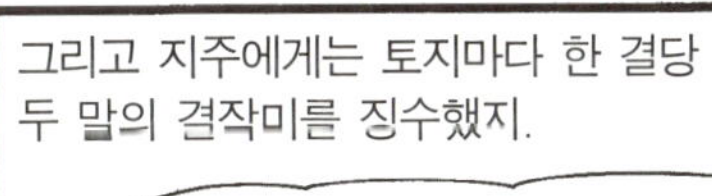
그리고 지주에게는 토지마다 한 결당 두 말의 결작미를 징수했지.
김 주사는 토지가 100결이니 200말을 내시오.

어세(어업)·염세(소금)·선박세 등의 잡세와 결작도 균역청에서 맡아 징수하게 했어.
아웅!
일이 점점 늘어나는군.

군포가 줄고 양반과 지주가 결작미를 부담해서 폐단은 약간 시정되었지.
전하, 만백성이 전하를 성군이라 칭송하고 있사옵니다.

그러나 양반에게는 억지로 징수를 못 했고 농민은 대신 쌀로 냈기 때문에 완전히 시정되지는 않았어.
나리, 예전이나 지금이나 어려운 건 마찬가지입니다요.

게다가 지주의 결작을 소작농이 떠맡게 되어 농민의 부담은 다시 커졌지.
내가 요즘 살기 힘들어. 그러니 자네가 대신 결작미를 내주게.

권리 장전은 영국 헌정사상 중요한 의미를 가지는 의회 제정법이야.
우리가 큰일을 해냈어!
권리 장전

권리 장전은 명예혁명의 결과 이루어진 인권 선언이지.
피 한 방울 흘리지 않고 혁명을 성공했고, 좋은 법도 만들었어.
권리 장전

명예혁명은 1689년 2월 13일 윌리엄 3세와 메리 2세가 국왕으로 추대됨으로써 완수됐어.

* 윌리엄 3세와 메리 2세

이때 윌리엄 3세와 메리 2세는 의회로부터 권리 선언을 전달받아 서명했고, 이 선언을 토대로 권리 장전이 공포되었지.
권리 장전은 신민의 권리와 자유를 선언하고 왕위 계승을 정하오.
권리장전

권리 장전은 윌리엄과 메리의 후손이 없을 경우 메리의 여동생 앤이 왕위를 잇게 했고, 가톨릭교도는 왕위를 잇지 못하게 했어.
잘하면 너도 왕이 될 수 있겠는걸.
아이고, 언니! 그런 일은 없어야지요.

또한 국왕의 법률 효력 정지 권한과 법률에 얽매이지 않는 특권을 폐지했지.
우리의 힘이 많이 약해진 것 같소.
그래도 영국의 왕인걸요.

평화 시 상비군 유지를 불법화했고 의회의 잦은 소집과 자유선거 보장을 선언했어.
평화가 찾아왔으니 그만 해산하시오.

가톨릭교도가 왕이 될 수 없다는 것은 국왕의 권한도 무한하지 않다는 거야.
우린 가톨릭교도라서 왕이 될 수 없네.
신교로 개종하면 되잖아?

권리 장전은 영국의 의회 정치 확립의 기초가 되고, 절대주의를 끝냈다는 데 의의가 있어.
난 힘없는 왕은 싫으니까 너나 개종해.

또 권리 장전은 미국의 독립 선언, 버지니아 권리 장전 등에도 영향을 주었고, 이들을 통해 다시 프랑스 인권 선언에도 영향을 끼쳤어.
덕분에 우리가 태어났어. 고마워.
나도 고마워!
미국 독립 선언문
버지니아 권리 장전
권리 장전 BILL OF RIGHTS
프랑스 인권 선언

* 창덕궁 후원에 세운 규장각

에스파냐 왕 카를로스 2세는 필리프 앙주 공을 후계자로 지명하고 죽었어.
프랑스 왕 루이 14세의 손자, 필리프로 짐을 잇게 하시오.

필리프는 에스파냐 국왕으로 즉위해 펠리페 5세로 불렸지.
아, 타국에서 살아야 하는 이내 신세!

그러자 영국과 네덜란드, 오스트리아 3국은 동맹을 맺고 선전 포고를 했어.
프랑스와 에스파냐가 손잡는 걸 두고 볼 수 없소.
내가 에스파냐의 계승자요.

처음에는 프랑스군이 우세했으나 오스트리아의 오이겐 공이 프랑스군을 무찔렀지.
셋이서 덤비니 이길 수가 없네.

1704년 오이겐 공과 영국의 말버러는 블레넘 전투에서 프랑스 연합군을 무찔렀어.

* 블레넘 전투

오스트리아의 카를 대공의 군대도 1706년 마드리드에 들어갔지.
좋은 곳이야.
마드리드

1708년 오이겐과 말버러는 오드나르드 전투에서 프랑스군에게 큰 타격을 입혔어.
후퇴, 후퇴하라!

영국과 네덜란드 함대는 포르투갈 바다에서 프랑스와 에스파냐 함대를 무찔렀지.
이 싸움으로 지브롤터를 점령했어.

프랑스 국왕 루이 14세는 강화를 결의했으나 타협이 깨져 전쟁이 계속되었어.
전쟁 그만하자!
싫어!

프랑스는 한때 전세를 회복하기도 했으나 대체적으로 수세에 놓였지.
폐하, 패배 소식만 들려옵니다.
이 일을 어찌할꼬?

그 뒤 동맹국의 국내 정세가 변화해 전쟁을 끝내자는 분위기가 싹텄어.
새로운 내각이 들어서서 어수선해요.
우린 새 황제가 즉위했어요.

마침내 전쟁은 1714년 라슈타트 조약으로 끝을 맺었지.
우린 더 싸우고 싶은데.
라슈타트 조약

어릴 때 아버지가 당쟁으로 뒤주에 갇혀 죽는 비극을 겪었던 정조는 당파 싸움의 폐해를 절실하게 느꼈어.
흑흑흑
아바마마!

정조도 노론 강경파에 의해 살해 위기를 몇 번이나 겪었지.
세자 저하가 즉위하면 우린 죽은 목숨이오.
그럼 세자를 죽입시다.

정조는 즉위 후 왕권 강화를 위해 외척과 반대파를 대거 숙청했어.
전하, 목숨만 살려주시옵소서!
너희를 없애야 내가 살지.

그러나 조선 중기 당쟁에서 살아남은 노론의 힘은 실로 끝이 없었지.
살려면 단단히 잡으시오!

개혁 정치를 위해서는 신진 세력을 만들 수 있는 인재 등용 제도를 도입하고,
새로운 인재를 등용해야 해.

노론 벽파가 장악하고 있는 한양을 벗어날 필요가 있었지.
그리고 이 한양을 벗어나야 해.

그래서 정조는 개혁 정치를 이끌어갈 인재를 구하기 위해서 규장각을 세웠어.
이곳이 나에게 큰 힘이 될 거야.

신진 학자를 등용했고 국왕의 직속 친위 부대를 만들어 왕권을 강화했지.
반드시 힘을 키우겠어!

또한 수원을 신도시로 만들어 한양이 기반인 기득권 세력의 몰락을 꾀했어.
개혁 정치를 하기 위한 발판이었지.

정조는 사도 세자의 묘소를 수원 읍치로 이전하고 수원 읍치를 유수부로 승격시켰지.
아바마마의 묘를 수원으로 옮길 것이오.
수원 천도를 위해서야.

그리고 사도 세자 묘소 인근에 화성을 건설하기 시작해 34개월 만에 완공시켰어.

* 화성 행궁

하지만 1800년 6월 정조는 개혁을 완수하지 못한 채 갑자기 죽었지.
흑흑흑! 전하!

위트레흐트 조약은 프랑스, 에스파냐, 영국, 사보이아 공국, 네덜란드 등 많은 나라의 대표자 사이에서 맺어졌어.
당신네 국왕의 손자에게 왕위를 물려줘서 말썽이 일어났잖아요?
뭐요? 물에 빠진 사람을 건져주었더니 도리어…!

프랑스와 영국은 런던에서 조약 초안에 서명하고, 1711년 10월 논의를 거쳐 유럽의 에스파냐 영토를 나누기로 했지.
빨리 땅을 나눕시다.
좋아요.
우리 땅 아니니 마음대로 하쇼.

네덜란드는 내키지 않았지만, 조약의 초안을 받아들이고 대표를 파견했어.
휴, 더 싸울 수도 없으니 대표를 보낼 수밖에.

에스파냐의 왕 펠리페 5세는 스스로가 아직 왕이라는 것을 깨닫지 못하고 있었지.
아직은 저 의자가 내 게 아닌 것 같아.

그래서 대표를 파견하지 않았고, 사보이아 공국과 포르투갈은 대표를 보냈어.
늦지 않게 빨리 갑시다.
사보이아 공국
포르투갈

처음에는 프랑스와 에스파냐의 왕위가 한 사람에게 물려지면 안 된다는 보장을 받으려고 했어.
빨리 결심하시오.
그 바람에 회담이 지연됐어.

펠리페 5세가 보장에 합의를 하고 영국과 프랑스가 휴전에 동의하자,
왕위가 한 사람에게 안 물려지도록 한다고 보장하고 오시오.

평화 협정은 빨리 진전되었고, 주요 협정은 1713년 4월 11일에 맺어졌어.
이걸로 싸움은 끝났소.

이 조약은 네덜란드의 위트레흐트에서 맺어진 평화 조약이야.
수고했소. 평화를 찾았으니 다행이오.

이 조약이 맺어진 덕분에 에스파냐 왕위 계승 전쟁을 끝낼 수 있었어.
왕위 계승 문제는 펠리페 5세에게 유리하게 타결되었지.

이후 영국은 가장 많은 식민지와 세계 무역의 주도권을 차지했지.
이제야 대영 제국의 위신이 서는군.
호호호

* 집전: 천주교 의식을 집행함

* 영국군 사령관이 항복하는 모습

* 사학: 조선 시대에 주자학에 반대되거나 위배되는 학문을 이르던 말

프랑스에서는 1789년 7월 14일부터 1794년 7월 28일까지 시민 혁명이 일어났어.

* 시민을 이끄는 자유의 여신

당시 프랑스의 특권층은 면세 혜택을 누렸고, 권력·부·명예를 독점했어.

하지만 평민은 무거운 세금을 냈고, 삼부회*도 175년이나 소집되지 않았어.

* 삼부회: 평민이 정치에 참여할 수 있는 회의

루이 14세 때는 재정이 바닥났는데 미국 독립 전쟁까지 참전해 파산 직전이었어.

그러자 정부는 평민에게 높은 세금을 물렸고, 시민의 불만이 높아졌지.

루이 16세는 특권층에게도 세금을 부과하는 개혁안으로 시민의 불만을 무마하려 했어.

그러나 귀족들은 개혁안을 거부하고 삼부회를 소집하라고 요구했지.

국왕이 1789년 삼부회를 소집했지만 표결 방식에 갈등이 생겼어.

결국 머릿수 표결 방식이 채택되지 않자, 평민 대표들은 국민 의회를 조직했지.

진보적인 사제들과 자유주의 귀족 47명도 국민 의회에 합류했어.

왕당파는 군대를 모아 국민 의회를 탄압하려 했고, 이것이 시민에게 전해졌지.

1789년 7월 14일, 마침내 파리의 민중은 바스티유 감옥을 공격해서 점령했어.

신해박해 이후 천주교에 온건책을 써오던 정조가 1800년 승하했어.
임금님이 승하하셨대요.
아, 앞으로가 큰일이군요.

어린 순조가 왕위에 오르자 정순 왕후가 수렴청정해 벽파가 정권을 잡았지.
대왕대비마마, 천주교를 없애야 하옵니다!
벽파

1801년 1월 정순 왕후는 천주교를 금하고 신자의 씨를 말리라고 명했어.
이번에 아예 뿌리를 뽑으시오!

천주교가 인륜을 무너뜨려 백성을 오랑캐나 금수로 만들기 때문이라는 이유였지.
천주교는 가족과 군신의 관계도 부정하는 못된 집단이오.
그들은 짐승이나 다름없소.

하지만 박해의 진짜 이유는 남인과 시파를 숙청하려는 것이었어.
쟤도 짐승이오.
남인 중에는 천주교 신자가 많았거든.

이 사건으로 중국인 선교사 주문모와 이승훈, 정약종, 강완숙이 처형됐지.
천주님과 함께하니 두려움이 없도다!
새남터

한때 천주교에 관심을 가졌다가 멀리한 정약용은 귀양을 보냈어.
천주님을 멀리한 죄로구나!

당시 한 집에서 천주교 신자가 적발되면 다섯 집을 모두 처벌하는 오가작통법을 실시했지.
여기는 천주교 신자가 없겠죠?
잘 알아보고 이사 왔으니 괜찮을 거요.

그 바람에 많은 사람이 애꿎은 피해를 당했고 죽은 신지도 300명이 넘었어.
아, 죄도 없는데 당신 때문에 죽었으니…
아마 천국에 살 거예요.

한편 1801년 정약종의 조카사위 황사영은 베이징의 교회에 편지를 보내려 했지.
모두 낱낱이 밝히리라!

신유박해를 알리고 청나라나 서양의 힘을 빌려 천주교를 믿게 해달라는 거였어.
사신들 틈에 끼어 청나라로 가 베이징 주교에게 전하게.

하지만 도중에 들켜 황사영은 처형되었고 천주교 탄압은 한층 심해졌지.
나라를 곤경에 빠뜨리려 하다니 도저히 용서할 수 없소!

* 실린더: 피스톤이 왕복 운동을 하도록 만든 속이 빈 둥근 통

* 와트의 증기 기관을 단 증기 기관차

* 서북인: 서북 지방이라 불린 평안도와 함경도 사람

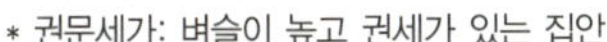

* 권문세가: 벼슬이 높고 권세가 있는 집안

코르시카 섬에서 태어난 나폴레옹은 파리 육군사관학교를 졸업하고 포병 소위가 되었어.
드디어 내 꿈이 이루어졌어!

나폴레옹은 감옥에 갇히기도 했지만 1789년 석방된 후 바라스 총재에 등용되었지.
정부를 위해 일해주게.

1795년 나폴레옹은 파리에서 일어난 왕당파의 반란을 진압해 소장이 되었어.
나폴레옹이 시가지에서 대포를 쏴 반란군을 물리쳤습니다.
음, 대단해. 소장을 시키게.

1796년 나폴레옹은 몇 달 동안 알프스 산맥을 넘어 이탈리아를 누른 후, 이듬해 오스트리아의 수도 빈을 점령했지.
내가 생각해도 정말 훌륭한 군인이야.

오스트리아는 프랑스에 무릎 꿇고 벨기에와 이탈리아의 북부 지방 롬바르디아를 프랑스에게 넘겨주었어.
나폴레옹!
나폴레옹!
오, 나폴레옹! 사랑해요!

그러자 혁명 정부는 나폴레옹을 견제해 이집트로 파병 명령을 내렸지.
나폴레옹의 인기가 하늘을 찌릅니다.
국민과 떨어뜨려야겠어.

그 뒤 나폴레옹은 인도 원정을 취소하고 몰래 프랑스로 돌아왔어.
이런 명령은 따르지 않겠어. 음, 나라를 바로잡아야지.
혁명정부 명령서

그 후 쿠데타를 일으켜 원로원으로부터 제1통령으로 임명되었지.
장군, 축하드립니다.
흐흐, 정권이 내 손에 들어왔어.

1802년 8월 나폴레옹은 종신 통령이 되어 독재를 한층 강화했어.
아, 2인자의 설움이여!
3인자는 어떻고요?

측근은 그에게 황제가 될 것을 권했고, 나폴레옹은 투표로 결정하게 했지.
각하, 이제 황제 자리에 오르세요.
국민에게 투표로 물어보세.
에헴!

1804년 국민 투표로 마침내 프랑스 제국의 초대 황제인 나폴레옹 1세가 되었어.

* 나폴레옹 황제 대관식

《목민심서》는 실학자 정약용이 관리의 바른 마음가짐과 몸가짐에 대해 쓴 책이야.

* 《목민심서》

강진에 귀양 가 있는 동안 썼는데 귀양살이가 풀린 1818년에 완성했지.

책에서는 옛 지방 관리의 잘못을 예로 들어 백성을 다스리는 도리를 설명했어.

정약용은 어려서부터 아버지를 따라 백성을 다스리는 법을 익혔고,

그 후 관리로서의 경험과 귀양살이로 백성의 어려움을 잘 알게 되었어.

조선 시대에는 수령이 사법권도 가지고 있어서 그 권한이 대단했지.

정약용은 책머리에 목민이 얼마나 어려운 것인가와 목민의 뜻을 글로 밝혔어.

수령의 부임, 생활 자세, 공무 수행, 애민,* 아전 단속, 백성 구제, 퇴임까지 썼고 항목의 앞에는 수령이 지킬 원칙과 규범을 적은 뒤 그 규범을 자세히 설명했지.

* 애민: 백성을 사랑함

《목민심서》는 한마디로 수령이 백성을 잘 다스리는 법을 담고 있는 책이야.

또 관료의 백성 수탈을 규탄하면서 그들이 실천할 윤리를 제시했지.

《목민심서》는 조선 후기의 현실을 냉철하게 바라보고 비판한 책이야.

* 청나라 배를 포격하는 영국 배

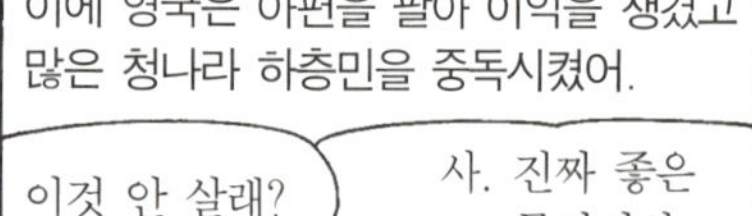

시파인 안동 김씨 김조순이 세도를 잡자 천주교 탄압이 없었어.
요즘 같으면 마음이 편해.
그게 다 김조순 대감 덕분이야.

그동안 천주교는 교세를 회복했고 신자도 크게 늘어나 만 명이 넘었지.
천주님과 함께하나니~.

이처럼 천주교가 민간에 널리 퍼지자 사람들의 인식도 달라졌어.
우리도 교회에 한번 가볼까요?
뭐, 그러든가.

1834년 순조의 손자 8세의 헌종이 즉위하자, 순조의 비 대왕대비 김씨가 대리청정을 했지.
할마마마, 어디 가는 거예요?
주상, 저만 따라오세요.

이 무렵 대비 풍양 조씨의 벽파가 등장해 안동 김씨와 대립했어.
흥, 난 주상의 어머니이니라.

그러자 대왕대비 김씨는 자신의 집안인 김조근의 딸을 헌종의 부인으로 간택했지.
참 곱기도 해라.

그리고 영의정과 좌의정을 자신의 파로 앉히는 등 세력을 잡으려고 힘썼어.
오른쪽, 왼쪽이 모두 든든하구려.
마마, 경들만 믿으소서.

그런데 김조순의 아들인 김유근이 물러나자 조씨는 천주교도들 잡아들였지.
김유근은 대왕대비의 오빠로 세례까지 받았데.

게다가 1838년 조씨 세력의 반격으로 안동 김씨 일파의 영의정과 죄의정이 물러났어.
휴, 이젠 끈이 떨어졌구려.

조씨는 천주교에 대해 관용적이었던 대왕대비가 물러날 것을 주장했지.
대왕대비는 물러나시오!
물러나시오, 물러나시오!
풍양조씨

결국 1839년 서양인 천주교 신부와 천주교도가 처형되는 기해박해가 일어났어.
우리가 죽음으로써 이 땅에 주님이 계시니 여한이 없소.
새남터

이 사건으로 대왕대비 김씨가 물러났고, 세도 가문이 풍양 조씨로 바뀌었지.
정권

* 러시아 공산당의 상징 크렘린 궁

김대건은 1821년 할아버지와 아버지 모두 순교한 독실한 천주교 집안에서 태어났어.
우리 아들 노래 잘하네.
천주님과 함께하나니

16세 때 모방 신부에게 뽑혀 최양업, 최방제와 함께 마카오로 유학을 갔지.
훌륭한 신부가 되어야 한다.

1837년 신학 공부를 마친 김대건은 마카오에서 민중 반란이 일어나자 청나라로 가 공부를 계속했어.
큰물에서 많은 걸 배우리라.
청나라

김대건은 1844년 조선 교구장인 페레올 주교의 명으로 조선에 몰래 들어갔지.
신부님들이 조선에 들어갈 수 있는 길을 알아 오게.

하지만 천주교 탄압이 여전했고, 건강이 나빠져 상하이로 떠났어.
사학을 믿지 말라 했거늘.
음, 험난한 가시밭길이야.

김대건은 그곳에서 페레올 주교에게 1845년 8월 신부 서품을 받았지.
최초의 한국인 신부였지.

10월에는 페레올 주교와 배로 조선에 들어온 뒤 한양으로 가 진도를 했어.
이 땅에 천주님의 영광이 있기를….

1846년에는 메스트르 신부의 입국 길을 개석하나가 붙잡혔지.
나라의 지도를 빼놀리다니!
천주님의 길을 인도한 죄뿐이오.

그 무렵 천주교 박해에 앞장섰던 풍양 소씨가 권력을 잃었기 때문에 이 일을 중요하게 여기지 않았어.
대감, 사학을 믿은 죄인이옵니다.
그런가?

그런데 1846년 프랑스 함대가 충청도 홍주 앞바다에 나타나 시위를 벌였지.
포는 쏘지 말고 겁만 줘라!

그들은 기해박해 때 죽은 세 사람의 프랑스 신부에 대한 책임을 물었어.
한시 빨리 한양에 보고하게.

이에 놀란 조정은 김대건의 처형을 결정했고, 김대건은 참수되었지.
새남터로 끌고 가라!

인도에는 여러 종교가 있었는데 영국은 그 점을 이용해 내분을 일으켜 왕국들을 점령, 인도를 지배하기 시작했어.

그리고 면 제품을 인도에 싸게 공급해 인도 최대의 산업인 면직물 산업을 몰락시켰고, 이후 많은 자원을 수탈했지.

그 무렵 영국 동인도 회사의 용병인 세포이들은 감정이 좋지 않았어.

결국 그들의 불만은 탄약통 수령을 거부하는 사건으로 폭발했고 반란으로 이어졌지.

* 반란을 일으킨 세포이들

당시 그들 사이에는 탄약통에 소의 기름을 바른다는 소문이 돌았어.

1854년 처음 봉기한 세포이들은 항명죄로 기소돼 10년의 중노동형을 선고받았지.

그러자 분노한 동료 세포이와 민중은 무력 봉기를 일으켜 델리를 장악했어.

그들은 무굴 제국의 회복을 선언했으며 곳곳에서 옛 지배층과 손을 잡고 저항했지.

영국은 네팔 용병과 본국의 증원군을 앞세워 그들을 무자비하게 진압했어.

세포이 항쟁은 체계적이지 못했고 지도자들의 이권 다툼으로 실패했지.

이로써 무굴 제국은 황제가 폐위되고 역사 속으로 사라졌어.

* 척신: 임금과 성이 다르나 일가인 신하
* 총신: 임금의 총애를 받는 신하

다윈은 영국 슈루즈버리에서 로버트 워링 다윈의 둘째 아들로 태어났어.
수고했소.
다윈은 2남 4녀 중 다섯째야.

초등학교 때 다윈은 수업에 집중하지 못해 선생님에게 심한 욕을 듣기도 했지.
수업 시간에 왜 딴청을 피우니?
무조건 외우는 공부는 재미없어.

1825년 에든버러 대학 의학과에 입학해 다니다가 1827년에 중퇴했어.
난 환자의 고통을 지켜보는 의사가 되기 싫어.

1827년 다윈은 아버지의 뜻을 따라 케임브리지 대학 신학과에 입학했지.
의사가 싫다면 신부나 되어라.
케임브리지 대학교

하지만 생물학에 관심이 많아 세지윅 교수와 지질학 연구 여행을 했고,
역시 이게 내가 갈 길이야.

헨슬로 교수의 추천으로 탐험선 비글호를 타고 약 5년 동안 탐사 여행을 했어.

* 비글호 모형

그때 다윈은 남아메리카와 남태평양의 섬을 돌아다니며 지질과 동식물을 관찰한 결과 생물의 진화를 확신했지.
이 섬에 사는 거북은 육지와 떨어져 있어서 확실히 다른 종류야.

영국으로 돌아온 다윈은 런던 교외에서 조용히 지내며 진화론에 관한 자료를 수집, 정리하는 데 힘을 기울였어.
하루빨리 학설을 정리해 세상에 발표해야 해.

다윈의 진화론은 1858년 린네 학회에서 월리스의 논문과 함께 발표되었지.
내 학설과 똑같군. 아, 내 연구가 헛수고가 되나?
두 논문을 같이 발표하게 할 테니 걱정 말게.

마침내 다윈은 1859년《종의 기원》을 발표하여 생물의 진화를 알렸어.
경쟁에서 살아남은 종만 보존된다고?
와, 듣도 보도 못한 학설인걸.

다윈의 발표는 생물학자뿐만 아니라 신학자에게도 맹렬한 비판을 받았지.
다윈은 사이비 학자예요.
만물을 창조한 신의 존재를 부정하는 거요!

한국사

조선 후기에는 반란, 외국의 간섭, 정치의 문란, 사회 불안과 긴장이 계속되었어.
흔들
흔들

한편 기존의 종교는 부패하거나 쇠퇴해 민중에게 신앙의 안식처가 되지 못했지.
아, 복잡한 마음을 다스릴 곳이 없군.
난 배나 곯지 않았으면 좋겠네.

게다가 서학, 즉 천주교도 유교 윤리에 젖은 민중에게 맞지 않았어.
천주님께 의지하기가 쉽지 않아.

또한 천주교는 불온한 종교로 탄압을 받았기 때문에 널리 퍼지지 못했지.
모든 사람이 평등하다고? 혼이 나야 정신 차리지.

최제우는 1860년 서학에 대립되는 민족의 종교를 제창, 동학이라 했어.
세상을 구제하고 어려움에 놓인 백성을 구하라!

그리고 종래의 풍수 사상과 유불선의 교리를 토대로 인내천 사상을 전개했지.
사람이 곧 하늘이므로 모두 평등합니다.

동학은 3년 만에 전국 곳곳에 교단 조직을 이루면서 세력이 들불처럼 번져나갔어.
천민을 사람 취급하는 곳은 여기밖에 없어요.
암, 사람 위에 사람 없고, 사람 밑에 사람 없지.
동학

그러자 조정은 동학이 반정부 세력으로 자랄 것을 염려해 1864년 최제우를 사형시켰지.
어디서 못된 모임을 만들어 세상을 어지럽히고 백성을 속여!
세상을 구하려고 한 것도 죄요?

동학은 거센 탄압에도 민간 신앙과 결합해 사회 혁신을 주장하며 더욱 발전했어.
어휴, 끄떡도 안 하네.
동학
민간 신앙

그리하여 2대 교주 최시형 때에는 삼남 지방은 물론 전국으로 교세가 퍼졌지.
교주님의 죽음을 헛되이 하지 말자!

나아가 부패한 관료 사회를 깨뜨리려는 개혁 운동으로까지 번졌어.
관료사회
동학
휘이잉!

이탈리아 북서부의 사르데냐 왕국은 1720년 사보이아 왕가가 일으킨 나라야.
에스파냐 왕위 계승 전쟁 때 얻은 사르데냐 섬에 세웠지.

그 후 나폴레옹 전쟁 때 점령당해 사르데냐 섬의 칼리아리로 수도를 옮겼지.
잘 가시오!
칼리아리

빈 조약으로 프랑스의 점령이 끝나고 국토를 되찾자 다시 수도를 토리노로 옮겼어.
음, 여긴 제법 넓군.
두리번~
토리노

이후 피에몬테 지역을 장악하고 국호를 '사르데냐·피에몬테 왕국'으로 바꾸었지.
우리가 열심히 싸운 덕분이야.
사르데냐· 피에몬테

1814년 제노바를 합병한 사르데냐 왕국은 1859년 오스트리아와 전쟁을 했어.
우리에게 덤비다니, 많이 컸네.

그 결과 롬바르디아를 차지했고, 1860년 토스카나 공국을 병합했어.
내 그늘로 들어오면 모든 게 편할 거요.
흥, 말은 번지르르해.

사르데냐 왕은 가리발디의 도움으로 나폴리와 시칠리아 왕국을 병합했어.
장군, 고맙소!

1861년 사르데냐·피에몬테 왕국은 이탈리아를 통일해 이탈리아 왕국이 되었지.
이탈리아 왕국
비토리오 에마누엘레 2세가 국왕이 되었지.

하지만 통일 후, 군대 해체로 많은 이가 실직해 국내가 불안정했어.
이제 고향으로 돌아가세.
싸움에 이기면 뭐해? 먹고살 일이 걱정인걸.

1861년 크호코로 대표되는 도적들이 반기를 들기도 했지만 1864년 진압됐지.
크호코가 잡혔대.
지주의 재산을 빼앗아 우릴 도와줬는데 안됐어.

1866년에는 오스트리아 제국의 오리엔트와 트리에스테를 제외한 베네치아를 병합했어.

* 베네치아의 운하

1870년 프랑스군이 철수하자 교황령을 점령해 다음 해 수도를 로마로 옮겼지.
고향에 돌아온 것처럼 마음이 포근하군.

한국사

황해도에서 태어난 김정호는 집안이 가난했고 신분도 변변치 못했어.
부잣집에서 태어났으면 행복했을 텐데, 쯧쯧.

지도에 관한 지식이 있는 것으로 보아 몰락한 양반이나 중인이었던 것 같아.
한때는 잘나가던 집안이었는데.
휴우씨

언제 한양으로 이주했는지는 알 수 없으나, 남대문 밖 만리재에 살았다고 해.

* 조선 말기의 남대문

최한기는 김정호가 18세나 19세 때부터 지도와 지지에 관심을 가졌다고 했지.
신분은 높지 않지만 대단한 사람이야.

김정호는 청구도와 동여도를 보완해 1861년 대동여지도를 편찬했어.
드디어 내 평생의 꿈이 이루어졌군!

그 후 김정호는 1866년 남대문 밖 약현에서 죽었으리라 여겨지고 있지.
죽기 전까지 《대동지지》를 편찬했대.

대동여지도는 근대적인 지도 이전에 만든 한반도 지도 중 가장 정확한 지도야.
내가 태어난 고향이 정확히 나와 있네.
대단해!

목판본으로 만들어 필사할 때의 오류를 막고 많은 양을 생산할 수 있었지.
애야, 틀리지 않게 잘해라.

또 22첩을 전부 연결하면 전국도가 되도록 민들이 이용하기 편리해.
이렇게 접으면 가지고 다니기 편하겠어

서양의 과학 기술을 가미해 지도의 정확성을 높였으며, 정보가 풍부했지.
이것만 있으면 길을 잃을 염려는 없겠군.

산줄기는 봉우리와 능선을 따라 이어 그렸으며 백두대간을 하나의 줄기로 나타냈어.
大東輿地圖
한반도의 뼈대가 되는 산줄기가 다 나와 있지.

10리마다 점을 찍어 보는 사람으로 하여금 멀고 가까운 거리를 금방 알게 했지.
점이 세 개니까 앞으로 30리만 더 가면 되겠군.

1860년 미국 대통령 선거에서 공화당은 링컨을 후보로 내세워 노예제 확대를 반대하는 선거 운동을 벌였어.
더 이상의 노예 제도는 안 됩니다! 저를 뽑으시면 앞장서서 막겠습니다!

공화당이 선거에서 승리하자, 1861년 남부 7개 주가 미합중국으로부터 분리를 선언했지.
미합중국에서 독립해 우리끼리 잘 살아봅시다!
옳소!
옳소!

그 뒤 남군이 사우스캐롤라이나 주 섬터 요새를 포격해 남북 전쟁이 일어났어.
남군이 섬터 요새를 포격했습니다.
음, 이건 반란이야.

링컨이 각 주에 자원군 모집을 요청하자, 다시 남부 4개 주가 분리를 선언했지.
우리도 남부에 힘을 보탭시다!

1863년 1월 1일, 링컨 대통령은 다섯 쪽짜리 문서에 단호하게 서명했어.
좋아, 내 생각을 실천하겠어.

그 문서는 미국 역사의 거대한 물줄기를 바꿔놓은 '노예 해방 선언문'이었지.
이날 이후 미국의 모든 노예는 자유를 얻을 것이다.

링컨은 남부 주에서 노예제를 폐지하는 것을 전쟁의 목표로 삼았어.
이 땅에서 노예 제도가 뿌리 뽑히게 해주시오!

한편 남군 사령관 리 장군은 1863년 게티즈버그에서 패한 뒤 후퇴했지.

* 게티즈버그 전투 그림

남북 전쟁이 막바지였던 1865년 1월 링컨은 미국 전역의 노예제를 폐지했어.
링컨 대통령 만세!
만세!
만세!

그리고 남군의 리 장군이 1865년 4월 9일 항복함으로써 전쟁은 끝이 났지.

이것은 바로 노예 해방을 외친 인도주의자 링컨의 위대한 승리였어.
진정 위대한 대통령이십니다.

* 파락호: 세력가 집안의 자손으로서 집안의 재산을 몽땅 털어먹는 난봉꾼

* 존왕양이: 왕을 높이고, 오랑캐를 배척한다는 뜻

* 번: 제후가 맡아 다스리는 영지

* 대정봉환: 천황에게 국가 통치권을 돌려줌

같은 날 왕정복고가 발표되고 여러 번이 손잡고 메이지 신정권을 세웠어.

* 교토에서 도쿄로 가는 메이지 천황

하지만 제너럴셔먼호는 제지하는 중군 이현익을 붙잡아 감금했지.

그러자 박규수는 포격을 하고 강물에 콩기름을 풀어 배를 불태워버렸어.

* 베르사유 궁전에서 열린 독일 제국 선포식

제너럴셔먼호 사건 후 미국은 조선 원정을 계획했지만 실천하지 못했어.
음, 조선을 반드시 혼내야 하는데….
조금만 기다리십시오.

결국 1871년 미국은 청나라 미국 공사 로와 아시아 함대 사령관 로저스에게 조선 원정을 명했지.
이제야 속이 좀 뚫리는군.

로와 로저스 제독이 이끄는 미국 군함은 나가사키 항구를 출발해 조선으로 떠났어.
꼭 사과를 받아내고 책임을 물을 거야.

강화도 앞바다에 도착한 미군은 조선에 통고한 뒤 군함 두 척을 파견했지.
허락도 없이 감히 우리 바다에 들어와!

하지만 손돌목을 지나려다가 강화도 포대로부터 공격을 받고 후퇴했어.
한양으로 못 가게 막아라!
쾅 쾅 쾅

미국은 포격에 대한 사죄와 보상을 요구했지만 조선은 거절했지.
어서 사과하시오.
허락 없이 우리 바다로 들어온 것은 침략 행위요!

그러자 미국은 군함을 앞세우고 해병대원 644명을 강화도에 상륙시켰어.
본때를 보여주자!
강화도

그리고 초지진, 덕진진을 점령한 데 이어서 광성진, 광성보를 점령했지
참 쉬운 싸움이었어.

이때 어재연과 600명의 조선군은 광성진에서 미군에 맞서 장렬하게 싸웠어.
조선군 350여 명이 전사했대.

그 후 미군은 조선군의 끈질긴 저항과 기습으로 곤경에 빠졌고,
어째 싸움이 빨리 끝나지 않소?
휴, 정말 끈질긴 사람들이에요.

조선이 계속 통상을 거부하자 40여 일 만에 중국으로 철수했어.
아무것도 이루지 못하고 돌아가다니….
이 사건으로 전국에 척화비가 세워지고 쇄국 정책이 강화되었지.
단단히 잠그게.
쇄국

* 비스마르크와 담화를 나누고 있는 나폴레옹 3세

공화파와 파리 시민이 제2제정을
버리고 공화 정부를 세운 거야.
국민의 뜻에 따라 정치를 하겠소.
우리의 뜻을 잘 반영해주세요.

흥선 대원군이 물러나자 조선에서도 문호 개방의 요구가 차츰 무르익었어.
전하, 이제 굳게 닫힌 나라의 문을 여세요.

개화한 일본은 나라의 힘을 키우고 군사력을 강화하기 위해 조선에 진출하려 했지.
눈을 나라 밖으로 돌릴 필요가 있소.
조선을 선점할 기회요.

하지만 조선이 쉽사리 문호를 개방하려 하지 않자 일본은 운요호를 파견했어.
미국이 우리에게 했던 수법을 조선에 써먹자.

1875년 일본 정부는 운요호와 다른 배 한 척을 부산항에 정박시켜 함포 시위를 했지.
쾅
쾅
흥, 보란 듯이 협박하는군.

운요호는 다시 영흥만까지 올라와 해로를 측량하고 시위한 뒤 돌아갔어.
다음에 올 걸 생각해서 잘해.

9월에 일본군은 강화도 난지도 부근에 정박하고 초지진 포대까지 접근했지.
다가오지 마라!

초지진의 조선군은 일본군에게 포격을 했고 운요호에서도 맹포격으로 맞섰어.
쏴라!
콰아앙!

포의 성능이 뛰어난 일본군은 초지진을 파괴하고 영종진을 포격했지.
모조리 부숴라!
쾅

그리고 영종진으로 올라가 살인과 방화, 약탈 행위를 저질렀어.
좋은 물건 있나 잘 살펴보세.

이 싸움에서 조선군은 16명이 포로로 잡히고, 35명이 죽었으며 많은 무기를 빼앗겼으나 일본군은 2명만 다쳤지.
많이 다쳤는가?
별것 아닙니다!

그런데도 일본은 포격전의 책임을 조선에 돌렸으며, 아울러 개항을 강요했어.
책임도 지고 개항을 하라고… 적반하장도 유분수지!

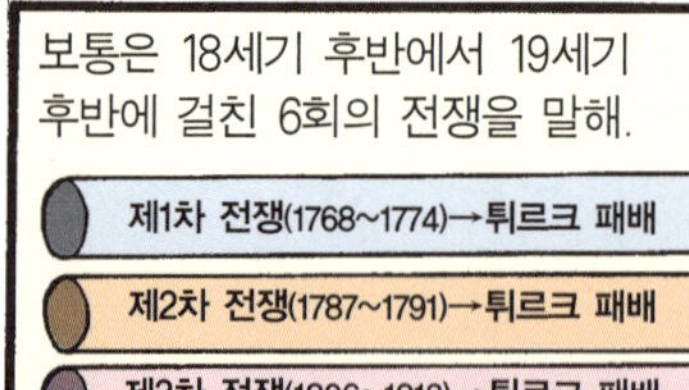

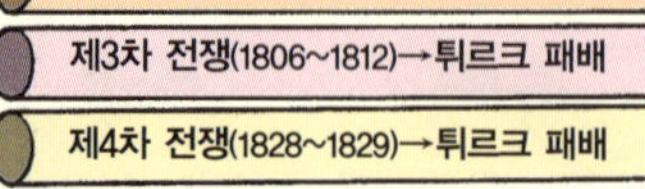

* 열강: 여러 강한 나라

그 결과 1878년 산스테파노 조약이 체결되어 러시아는 캅카스를 차지했지.

* 강화도 조약을 묘사한 그림

러시아는 산스테파노 조약으로 발칸 반도로 진출하기가 쉬워졌어.
우리가 발칸 반도로 진출해도 좋단 말이지. 고마워.
쳇, 자기가 강요했잖아.

그러자 영국과 오스트리아가 반대했고 독일의 비스마르크가 베를린 회의를 소집했지.
내가 베를린에서 회의를 열 테니 만나서 얘기해요.
반대
반대

회의에는 영국, 독일, 러시아, 오스만 제국, 이탈리아 등 7개국이 참석했어.
어서들 오세요!

회의에서는 러시아의 요구를 무시하고 영국과 오스트리아의 요구를 들어주었고,
당신 말고 두 분 먼저 말하세요.

산스테파노 조약을 없애고 베를린 조약을 체결하는 데 다른 6개국이 모두 찬성했어.
쳇, 나만 왕따네!
반대
찬성
찬성
찬성
찬성
찬성

이 조약에 의해서 루마니아, 세르비아, 몬테네그로 등의 독립이 인정되었지.
독립 만세예요!

불가리아는 산스테파노 조약에서 정한 것보다 훨씬 축소돼 반독립 자치국이 되었어.
이게 뭐냐? 우린 좋다 말았잖아!

러시아는 시베리아 남부와 아주 작은 땅만을 오스만 제국으로부터 얻었지.
큰맘 먹고 주는 겁니다.
쩝~!
땅문서

오스트리아는 발칸 반도로 진출할 수 있었고, 영국은 외교적 승리를 거뒀어.
발칸 반도야, 기다려라!
이게 다 우리 독일 덕분인 줄은 알지요?

결국 베를린 회의의 결과는 범슬라브주의와 범게르만주의가 맞선 형태가 되었지.
꼬응~!
범슬라브 주의
범게르만 주의

그리고 오스만 제국 내의 나라들이 들고일어나 발칸의 민족주의 운동을 부추겼어.
우리도 이번 기회에 독립합시다.

이 회의는 산스테파노 조약에서 러시아가 얻은 이익을 원래대로 돌려놓았지.
반드시 이 창피를 돌려주겠어!
러시아

옛날에 '마마'로 불리던 천연두는 조선 사람에게 아주 끔찍한 재앙이었어.
여보, 지금 성 안에 마마가 돌고 있대!
벌벌! 아이고, 무서워요!
벌벌!

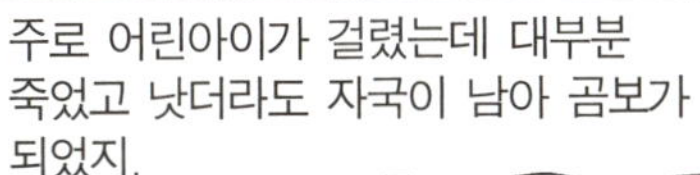

주로 어린아이가 걸렸는데 대부분 죽었고 낫더라도 자국이 남아 곰보가 되었지.
다행히 목숨은 건졌소.
흑흑! 우리 아기 불쌍해서 어떡해요?

의학 기술이 보잘것없던 그때는 전염병이 퍼지면 그냥 당할 수밖에 없었어.
휴, 이럴 땐 아무것도 할 수 없는 내가 원망스럽군.

그 무서운 마마를 예방하는 우두를 들여와 수많은 아이의 목숨을 구해낸 의사가 바로 지석영이었지.
선생님, 이걸 맞으면 정말 마마에 안 걸리나요?
허허허, 걱정 마세요.
음

가난한 한의사의 넷째 아들이었던 지석영은 형의 다섯 살짜리 딸이 마마에 걸려 죽자 큰 충격을 받았어.
반드시 우두 기술을 배워 마마를 몰아내겠어!

지석영은 부산까지 걸어가 일본인을 잡고 우두 기술을 가르쳐달라고 졸랐지.
제발 우두 기술을 가르쳐주세요!
어허, 나 그런 것 모르오.

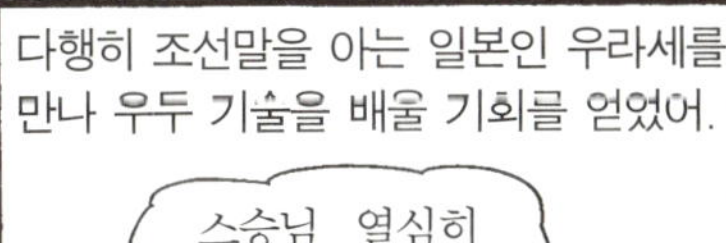

다행히 조선말을 아는 일본인 우라세를 만나 우두 기술을 배울 기회를 얻었어.
스승님, 열심히 배우겠습니다.
꾸벅!

지석영은 열심히 공부해 우두 기술을 배웠고 우두의 재료인 두묘까지 얻었지.

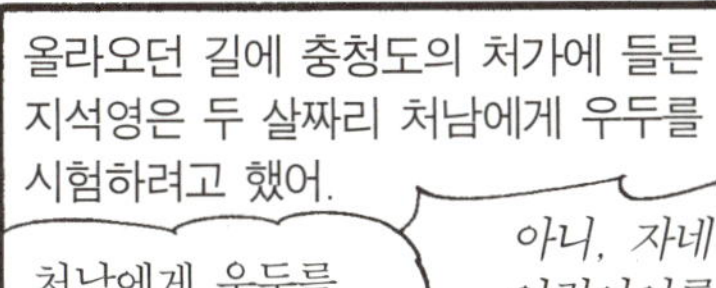

올라오던 길에 충청도의 처가에 들른 지석영은 두 살짜리 처남에게 우두를 시험하려고 했어.
처남에게 우두를 접종하게 해주세요.
아니, 자네 어린아이를 죽일 셈인가!

결국 지석영은 반대하는 장인과 장모를 설득해 처남에게 우두를 접종했지.
정 그러시다면 처가와 아내와의 인연을 끊겠습니다.
아, 알았네. 자네 뜻대로 하게.

놀랍게도 처남은 사흘 후 피부에 작은 좁쌀 같은 것이 돋아났어.
와아! 성공이다!
이후 지석영은 많은 사람에게 우두를 접종했지.

독일의 비스마르크는 프랑스가 러시아에 접근하는 것을 경계해 1873년 러시아, 오스트리아와 삼제 동맹을 맺었어.
우리끼리 잘 지냅시다!

그러나 이 동맹으로 러시아와 오스트리아는 발칸을 둘러싸고 대립했고, 산스테파노 조약을 수정한 베를린 조약이 맺어졌지.
나 좀 들어갈게.
발칸 반도
어디를 들어와!

결국 불만을 품은 러시아와 독일의 사이가 나빠져 삼제 동맹은 깨졌어.
흥, 잘 지내자고요? 동맹은 없던 걸로 합시다!
끄응..

그래서 비스마르크는 영국, 프랑스가 이집트와 튀니지의 권익을 서로 승인하는 협정을 맺자 지지했지.
영국과 프랑스의 협정을 지지한다!

프랑스는 영국과의 협정에 따라 1881년 튀니지를 점령했어.
프랑스가 튀니지를 점령했답니다.
옳거니! 이젠 프랑스가 우리한테 신경 안 쓸 거야.

프랑스의 튀니지 점령은 리비아에 관심을 가진 이탈리아에게 큰 충격을 주었고,
이런, 한발 늦었네!

이탈리아가 급히 독일과 오스트리아에 접근해 1882년 독일, 오스트리아, 이탈리아는 삼국 동맹을 맺었어.
잘 오셨소.
프랑스를 철저히 고립시켜야 해.

삼국은 프랑스의 공격에 대해 상호 군사 원조와 호의적 중립을 약속했지.
자, 우리의 앞날을 위해 건배!

하지만 에티오피아 침략에 실패한 이탈리아는 1902년 프랑스와 협정을 맺었어.
우리는 친구!
어쩜 태도를 단번에 바꾸는 거야?

또 리비아를 얻고부터 더욱 프랑스, 영국과 잘 지낼 필요가 있었지.
필요한 것 없어요?
헤헤!

결국 삼국 동맹은 태도를 바꾼 이탈리아 때문에 유명무실해졌어.
우리끼리는 삼국 동맹이 안 되잖아요?
삼국 동맹
끄응~!

* 오사카 성

* 제사: 고치나 솜 따위로 실을 만듦
* 잠업: 누에를 치는 사업

1884년 프랑스는 베트남 북부 통킹을
차지하려고 청나라와 전쟁을 벌였어.
이젠 여긴
우리 땅이야!
저리 가!

싸움이 시작되자 청나라가 크게 지고
프랑스는 베트남의 여러 도시를
점령했지.
별것도 아닌 게 까불어!
청

결국 청나라 이홍장은 1884년 5월
프랑스의 푸르니에와 리·푸르니에
협약을 맺었어.
군대를 철수시키고
당신들의 권리를
인정하겠소.
그럼 배상금은
안 내도 좋소.

하지만 프랑스는 다시 청군을
공격했고 프랑스군 100명이 죽거나
다쳤어.
약속을 어기고
쳐들어오다니!

이에 프랑스는 배상금을 요구하며
청나라의 마미 군항을 공격했지.
배상금 2억 5,000만
프랑을 내놔!
콰앙!
청

이 싸움에서 청나라의 군함 열한 척이
격파됐고, 마미 조선소가 부서졌어.
우리 청나라에서
제일 큰 조선소인데!

3일 후 프랑스 함대는 대만에
상륙하려다가 제독 쿠르베가 죽었지.
오, 사령관님이
포에 맞았다!
청

베트남에서는 청군이 프랑스군을
무찌르고 랑선을 점령했어.
각하,
괜찮으세요!
빨리 프랑스로
돌아가자!

섭주에서도 청과 연합한 흑기군이
프랑스군을 무찌르자 프랑스에서는
페리 내각이 물러났지.
무능한 내각은
물러가라!
물러가라,
물러가라!

1885년 3월 주영 청나라 공사 증기택이 강화에 성공,
리·푸르니에 협약을 인정한다는 파리 조약이 체결되었어.
이제 평화가
찾아왔소이다!
하하
하!
그, 그러게 말입니다.

청프 전쟁에서 프랑스는 목표를 이루었지만 어떤 학자들은
청나라가 이긴 전쟁이라고 보고 있지.
잘 가시오!
우리가 이긴
전쟁이야.
그래도 통킹을
차지했잖아.
어험!

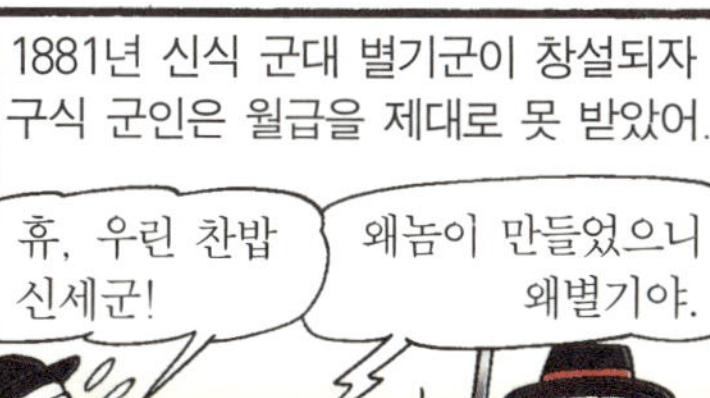
1881년 신식 군대 별기군이 창설되자
구식 군인은 월급을 제대로 못 받았어.
휴, 우린 찬밥
신세군!
왜놈이 만들었으니
왜별기야.

구식 군인의 불만이 높아지자 밀린
월급이 나왔는데 썩은 쌀에 쌀겨와
모래만 잔뜩 들어 있었지.
아니,
이걸 먹으라고
준 거야?

분노한 군인들이 선혜청과 일본 공관을
공격해 임오군란이 일어났어.
이런 모욕을
받고도 참겠소!
본때를 보입시다!

일본 교관 호리모토가 구식 군인에게
죽었고, 공사 하나부사는 일본으로
도망을 쳤지.
사람 살려!

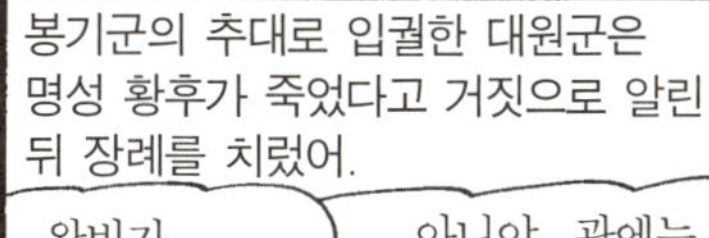

봉기군의 추대로 입궐한 대원군은
명성 황후가 죽었다고 거짓으로 알린
뒤 장례를 치렀어.
왕비가
돌아가셨대!
아니야, 관에는
왕비가 입던 옷만
들어 있대!

하지만 달아났던 명성 황후가 청나라에
도움을 청해 청군이 조선에 들어왔지.
경만 믿을게요.
마마, 소신이
다 알아서
처리하겠사옵니다.

청나라는 군란을 선동했다며 대원군을
텐진으로 납치했어.
대체 날 어디로
끌고 가는 겐가?
텐진에서
푹 쉬세요.
청
텐진

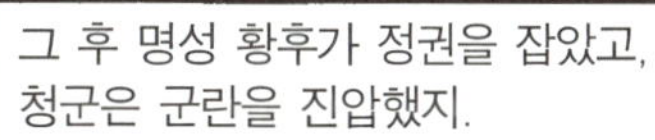

그 후 명성 황후가 정권을 잡았고,
청군은 군란을 진압했지.
마마, 복귀를
축하드리옵니다!
모든 게 경들
덕분이오.

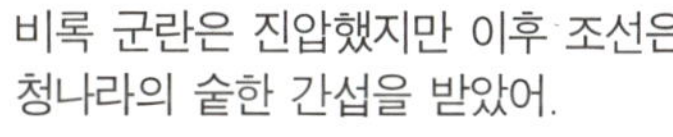

비록 군란은 진압했지만 이후 조선은
청나라의 숱한 간섭을 받았어.
두 분이서 조선을
잘 돌봐주세요.

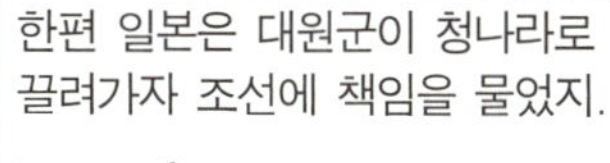

한편 일본은 대원군이 청나라로
끌려가자 조선에 책임을 물었지.
우리 교관이 죽고 공관이
공격을 받았소. 책임을 지시오!

조선은 일본과 제물포 조약을 맺어
배상금 지불과 군대 주둔을 약속했어.
공사관에 일본 경비병을
주둔시킬 테니 화 푸세요.
꽝!

임오군란은 청나라와 일본을 개입하게
만들었고 갑신정변의 불씨가 되었지.
만만치 않은
놈들이야.
반드시
쫓아낼 테야!
조선

1894년 동학 농민군이 한양으로 쳐들어오자 조선은 청나라에 도움을 요청했어.
폐하, 한시가 급합니다!
알겠소.

이에 청나라 조정은 톈진 조약에 따라 일본 정부에 파병을 알리고 군대를 보냈지.
청
조선

이에 일본도 4,000여 명의 군대를 이끌고 제물포에 상륙했어.
하나, 둘!
하나, 둘!

일본의 외무 대신은 청나라의 영향력을 없앨 기회라고 생각했고,
청나라를 꺾을 수 있는 좋은 기회야.

농민 운동 진압 후에도 일본군 지휘관 오토리에게 조선에 남으라고 했어.
조선에 남아서 우리 힘을 보여주시오!

한편 오토리는 조선에 정치 체제 변경을 권했으나, 보수파가 반대했지.
조선은 변해야 하오.
우리가 알아서 합니다.

1894년 7월에는 청나라 주재 영국 대사가 청나라와 일본을 화해시켰으나 깨졌어.
흥!
사이좋게 지내시오.
흥!

그러자 일본은 전쟁에 대비해 해군의 거의 모든 선박을 동원했지.
언제라도 출전할 수 있게 만반의 준비를 해라!

마침내 일본군은 경복궁을 점령하고 친일 내각을 구성했어.
하하하, 잘해봅시다.
헤헤, 여부가 있습니까?

친일 내각은 일본에게 청나라 군대를 조선에서 몰아내도록 허가했지.
청나라 군대를 빨리 몰아내게.
알겠습니다!

양측은 아산 외곽에서 다음 날까지 싸웠고 청나라 군대는 평양으로 후퇴했어.
후퇴하라!
평양

1894년 9월 평양에 모여든 일본군은 평양을 습격해 청나라 군대를 항복시켰지.

* 평양 전투

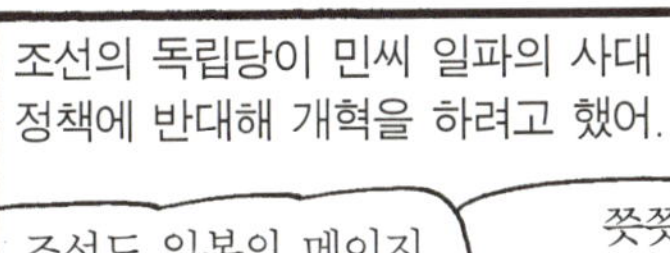

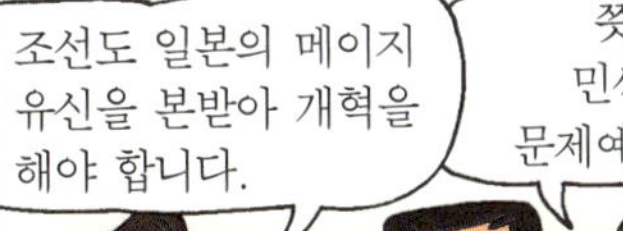

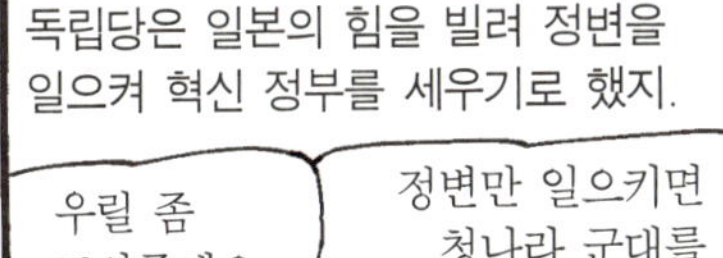

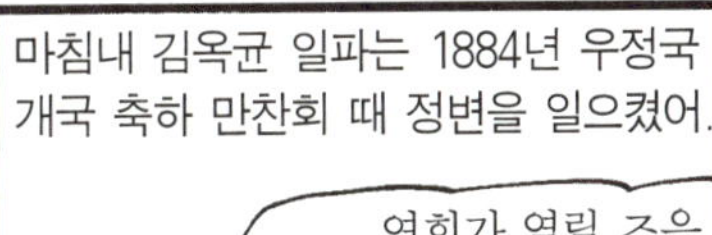

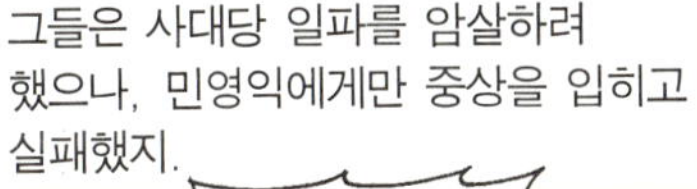

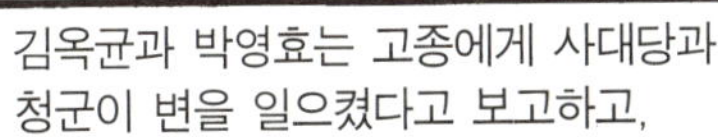

고종과 명성 황후를 경우궁으로 옮긴 뒤 고종을 뵈려던 사대당 일파를 죽였지.

1870년 파나티나이코 경기장에서 열린 자파스 올림픽에는 약 3만 명의 관중이 몰려들었지.

* 그리스 아테네의 파나티나이코 경기장

브룩스 박사는 쿠베르탱에게 전 세계가 모이는 스포츠 대회를 만들자고 했지.

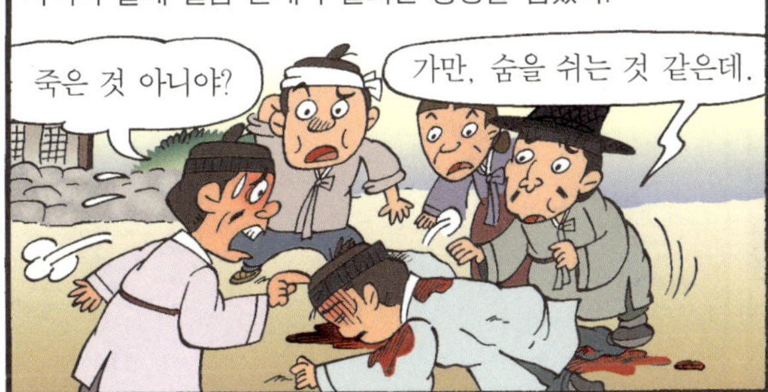

민영익은 알렌에게 10만 냥을 주었고 고종의 재가를 얻어 벼슬까지 내렸어.

또 서양 의학 기술을 소개하고 광혜원을 세우는 계기가 되었지.

그래서 한양 재동에 침대를 갖춘 최초의 서양식 병원 광혜원이 문을 열었어.

* 오늘날의 광혜원 모습

이후 이홍장의 강력한 북양군은 몰락했으며, 이홍장과 양무운동을 주장한 세력의 발언권은 크게 약화되었지.

* 양무운동: 군사, 과학 등에서 서구화를 추진해 외세에 당당히 맞서려는 운동

하지만 수구파와 서태후에게는 개혁이 자신들을 위협하는 행위로 보였지.

* 입헌 군주제: 군주가 헌법에서 정한 제한된 권력을 가지고 다스리는 정치 체제

전라도 고부 군수 조병갑은 농민에게 새 저수지를 쌓게 하고 물값을 걷었어.

게다가 죄를 마구 씌워 벌금까지 받았고, 부친의 비석을 만든다며 돈을 걷었지.

참다 못한 농민들은 전봉준을 앞세워 두 번이나 군수를 찾아갔지만 소용없었어.

마침내 1894년 전봉준은 농민들과 만석보를 부수고 고부 관아로 쳐들어갔지.

농민들은 관아를 공격해 무기를 빼앗고 세곡*을 가난한 사람들에게 나누어 주었어.

* 세곡: 나라에 조세로 바치는 곡식

그러나 새로 부임한 군수 박원명이 좋은 말로 달래자 곧 해산했지.

하지만 안핵사 이용태가 동학도의 반란이라며 주모자들을 붙잡았어.

분개한 전봉준과 농민들은 무기를 들고 김개남, 손화중과 함께 들고일어났지.

이것이 제1차 동학 농민 운동이야.

전봉준을 총대장으로 한 농민군은 백산에 모여 민중에게 궐기하라고 호소했어.

관군을 차례로 물리친 농민군은 전주성을 빼앗았지만 곧이어 패했지.

그 뒤 청나라군과 일본군이 개입하자 농민군은 강화를 맺고 철수했어.

이후 순창에서 붙잡힌 전봉준은 사형되었고, 동학 농민 운동은 실패로 끝났지.

* 보어인: 남아프리카 공화국의 네덜란드계 백인

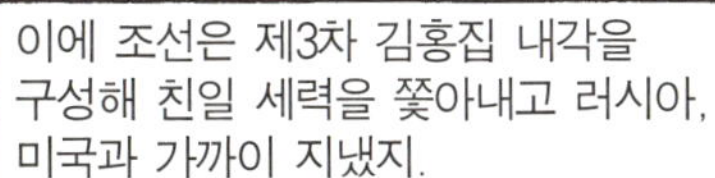

* 명성 황후를 살해한 일본 낭인들

열강의 침략으로 백성이 받은 고통은 의화단이 세력을 키운 바탕이 되었지.

의화단은 먼저 교회를 공격해 온갖 나쁜 짓을 저지르던 서양 선교사들을 죽였어.

8개국은 영국, 프랑스, 미국, 러시아, 이탈리아, 일본, 독일, 오스트리아야.

* 부청멸양: 청나라를 도와 서양 세력을 물리침

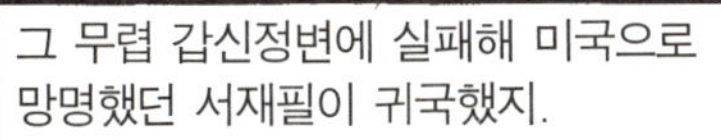

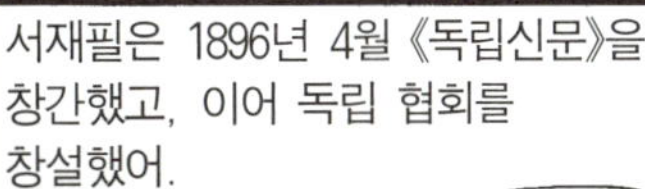

* 만민 공동회: 독립 협회 주최로 열린 민중 대회

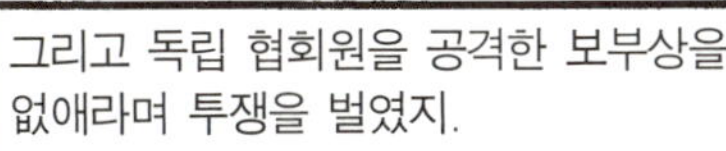

어느 날 프랑스를 여행하던 노벨은 신문을 보고 깜짝 놀랐어.
내가 이렇게 멀쩡히 살아 있는데 '알프레드 노벨 사망'이라니!

그것은 잘못된 기사로 노벨의 형이 죽었는데 신문사에서 이름을 잘못 쓴 거였지.
죽은 건 형인데 착각을 했구먼.

기사를 읽고 큰 충격을 받은 노벨은 하루 종일 호텔 방에서 삶과 죽음을 생각했어.
내가 만약 이대로 숨을 거둔다면….

사실 세계적인 발명가라는 명예와 엄청난 재물도 한낱 거품에 지나지 않았지.
짝짝짝!
아, 모든 게 보잘것없는 장식품일 뿐이야.

노벨은 자신이 만든 다이너마이트를 생각하고 문득 잘못을 깨달았어.
다이너마이트는 사람을 죽이는 데 최고야!
아니야, 난 인류 평화를 위해 만들었어!

노벨은 죄의식에 사로잡혔고 속죄하는 마음으로 전 재산을 국가에 바쳤지.
죄를 씻으려면 다이너마이트로 번 모든 재산을 나라에 바쳐야 해.
관청

노벨은 '지난해 인류에 가장 큰 공헌을 한 사람들'에게 매년 상을 주라는 내용을 유언장에 기록했어.
이 상을 노벨상이라고 정합시다.
유언장

최초의 노벨상 수상식은 노벨이 죽은 지 5년째인 1901년 12월 10일에 있었지.
제1회 노벨상

첫 시상식 때 시상자인 스웨덴 국왕 오스카르 2세는 참석을 거절했었대.
난 막대한 상금을 외국인에게 주고 싶지가 않소.
국, 국왕 폐하!

노벨상 수상자를 선정하는 일반적인 원칙은 노벨의 유언장에 명시되어 있지.
1. 연구, 발명의 아이디어를 맨 처음 낸 사람에게 상을 준다.
2. 상은 살아 있는 사람에게만 준다.
유언장

추가 세칙은 1900년 유언 집행자와 시상 기관 대표단, 노벨 가족이 모여 합의했는데 오늘날까지 대부분 지켜지고 있어.
이로써 모든 게 정해졌습니다.
우리 모두 노벨의 훌륭한 뜻이 잘 지켜지도록 노력합시다.

* 경운궁의 정문인 대한문

마침내 고종은 10월 12일 원구단에서 국호를 대한 제국이라 고치고 황제로 즉위했어.

러시아와 프랑스는 국가 원수가 직접 대한 제국 선포를 승인하고 축하했으며, 영국·미국·독일 등도 간접적으로 승인했어.

* 삼한: 삼국 시대 이전 우리나라에 있었던 마한, 진한, 변한을 이름

* 시베리아 횡단 철도가 시작되는 블라디보스토크 역

* 완충 지대: 두 나라 사이의 충돌을 피하기 위해 설치한 중립 지역

조선은 산업을 발전시키기 위해 한양을 항구와 연결하는 수송 수단이 필요했어.
뱃길로만 한양에 물자를 실어 나르기엔 부족해요.
맞아요, 뭔가 다른 방법이 없을까요?

그래서 한양에서 가장 가까운 항구인 제물포를 노량진과 잇는 철도가 구상되었지.
철도를 놓으면 어떨까요?
거참, 좋은 생각입니다!

1883년 조선은 미국에게 제물포와 한강의 물 깊이를 재는 것을 허가했어.

1891년 고종은 미국 기업가 모스와 철도 부설을 협상하려 했으나 정부 반대로 미루어졌지.
모스와 철도를 놓는 걸 상의하시오.
폐하, 나라의 이권을 오랑캐에게 넘겨줘서는 아니 되옵니다!

그 후에도 모스는 철도 부설권을 얻기 위해 노력했으나, 일본의 방해로 실패했어.
어떻게 해서든 미국이 철도 부설권을 따지 못하게 하시오.

청일 전쟁이 일어나자 일본은 조선을 위협, 1894년 경인선과 경부선 철도 부설권을 약속받았어.
축하하오! 이제 조선에도 철도가 생기게 되었소.
축하 좋아하네!
철도 부설권

하지만 청일 전쟁 후 러시아, 독일, 프랑스 3국은 일본이 조선에서 철도의 이권을 독점해서는 안 된다고 간섭했지.
요동 반도를 청나라에 돌려주시오!
조선에 철도 놓을 생각은 하지도 마시오!
프랑스
독일
러시아

게다가 을미사변과 아관 파천으로 혼란한 틈에 일본의 철도 부설권은 1896년 3월 결국 모스에게 넘어갔어.
하하하! 5년 만에 내 손에 들어오다니!
철도 부설권

모스는 1897년 공사를 시작했지만 어려움에 부딪혀 더 이상 공사가 힘들었지.
아, 시멘트와 폭약이 모자라고 기술도 딸려!

1898년 결국 모스는 공사 중인 경인선 철도를 일본 '경인 철도 합자 회사'에 넘겨주었어.
하하하! 잘 생각했소이다.
휴, 아까워죽겠네!

그 뒤 1899년 9월 18일 노량진과 제물포를 잇는 경인선 철도가 개통되었지.
칙칙 폭폭!
아이고, 무슨 소리가 우레 같아!
정말 귀청 떨어지겠어!

* 시위가 벌어진 겨울 궁전 광장

시위에 참가한 많은 시민이 죽고 부상을 당해 그야말로 '피의 일요일'이었지.

결국 니콜라이 2세는 1905년 10월 30일 의회(두마) 소집을 허락했지.

일본은 러시아와 교섭 중이던 1903년 10월 한일 의정서를 체결하려 했어.
공사, 이 기회에 반드시 한일 의정서를 체결하시오!
네, 각하!

그 내용은 대한 제국의 독립과 영토를 보장하고 제3국이 침략할 경우,
암, 우리가 당연히 대한 제국을 보호해야지.

일본은 곧 대처하며 대한 제국은 일본이 행동하기 쉽게 편의를 제공한다는 것 등이었어.
대한 제국은 전혀 손해 볼 게 없군.
의정서

일본 공사 하야시는 이지용, 민영철 등을 매수해 1904년 1월 조인 직전까지 갔지.
돈 쓸데가 많지요?
헤헤, 이런 걸 다….

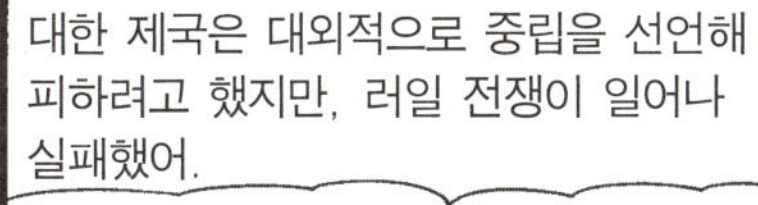

대한 제국은 대외적으로 중립을 선언해 피하려고 했지만, 러일 전쟁이 일어나 실패했어.
폐하, 중립국임을 국내외에 선언하십시오.
그 길만이 살길이옵니다.

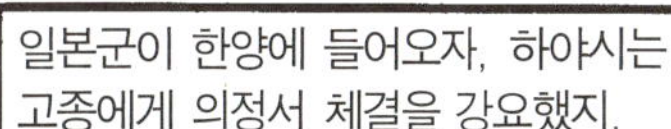

일본군이 한양에 들어오자, 하야시는 고종에게 의정서 체결을 강요했지.
폐하, 일본군이 한양에 있사옵니다.
의정서

한편 의정서 체결을 반대하던 탁지부 대신 이용익을 일본으로 납치했고,
대감, 우리 나라에 가서 푹 쉬시오.
온천도 실컷 하세요.

육군 참장, 참령을 연금한 뒤 이지용과 한일 의정서를 체결했지.
하하하! 대감, 참으로 수고하셨소!

한일 의정서가 체결되자 백성은 이지용과 구원희 집에 폭탄을 던지는 등 반발했어.
왜놈의 앞잡이는 죽어라!
왜놈보다 더 못한 놈!
퉤퉤!

하지만 일본은 이토 히로부미를 특파해 의정서를 실천하라고 강요했지.
의정서를 체결해놓고 왜 실천을 안 합니까?
아, 모든 게 짐이 못난 탓이야!

그리고 대한 제국이 러시아와 맺은 모든 조약과 협정을 폐기하게 했지.
러시아와 맺은 조약과 협정은 모두 무효요!

한일 의정서는 일본이 대한 제국을 식민지화하려는 제1단계였어.
하하하! 식민지로 만드는 건 시간문제야!

사실 두 나라는 아시아에서 오랫동안 대립해왔고 러일 전쟁 때도 적대 관계였어.

페르시아 북부는 러시아, 남부는 영국이 갖고 중부는 중립 지대로 하기로 결정했지.

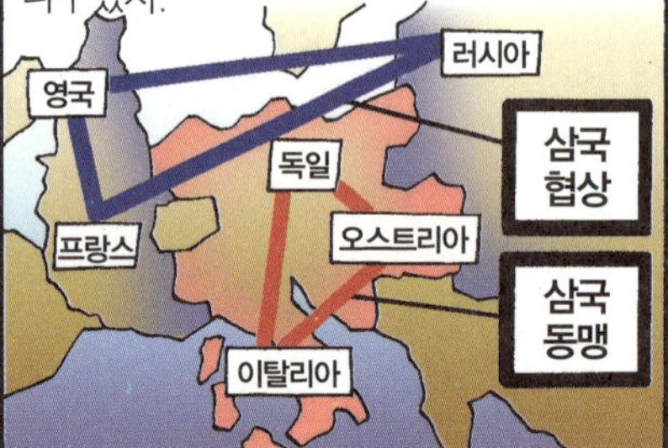

* 삼국 협상과 삼국 동맹

또 삼국 협상은 열강의 식민지 지배를 유지하기 위한 상호 협력이었어.

1905년 | 을사조약 강제 체결

* 일본과 러시아 대표가 회담하는 장면

* 우창의 신군 병사들이 일으킨 우창 봉기

1906년 | 통감부 설치, 이토 히로부미 부임

* 하세가와 대장과 함께 통감부로 향하는 이토 히로부미

발칸 반도는 19세기 초까지만 해도 오스만 제국이 지배하고 있었어.

* 녹색 분분이 발칸 반도의 나라들

1829년 그리스가 독립한 후 발칸 반도의 나라들이 자치령으로 바뀌거나 독립했지.
내가 길을 닦아놓을 테니 잘 따라와요.

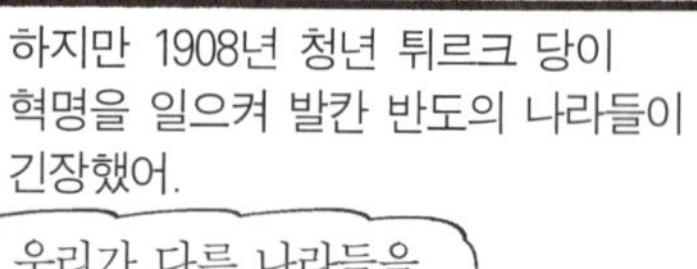
하지만 1908년 청년 튀르크 당이 혁명을 일으켜 발칸 반도의 나라들이 긴장했어.
우리가 다른 나라들을 평등화시켜야 해!
튀르크인에 의한 평등
옳거니!

게다가 많은 영토를 잃은 오스만 제국이 영토 회복을 꿈꾸고 있었지.
러시아와 오스트리아에게 빼앗긴 땅을 반드시 찾아야 하오!

그래서 긴장한 그리스, 세르비아, 몬테네그로, 불가리아는 발칸 동맹을 맺기로 했어.
힘을 합해 오스만 제국에 맞서 싸웁시다!

그 와중에 1911년 이탈리아·튀르크 전쟁이 터져 튀르크(오스만 제국)가 졌지.
별것도 아닌 게 까불어?
이탈리아
오스만

그러자 발칸 반도의 나라들은 러시아의 지원을 받아 오스만 제국에 전쟁을 선포했어.
가서 싸워!
흥, 우리를 만만하게 보는군.

전쟁이 시작되자 오스만 제국은 그리스와 세르비아에게 잇따라 패했지.
아이고, 처량한 내 신세!
그리스
세르비아

게다가 불가리아에게 크게 패해 오스만 제국 군대는 콘스탄티노플로 철수했어.
더 이상 물러나서는 안 된다!
콘스탄티노플

급기야 청년 튀르크 당은 술탄을 폐위시키고 새로운 오스만 제국을 선포했지.
여러분, 힘센 정부를 만들어 발칸 연합군을 무찌릅시다!

하지만 1913년 마지막 저지선이었던 아드리아노플을 점령당했어.
자칫하면 나라가 망하겠어요.
음, 협상을 벌여 전쟁을 끝내야겠소.

결국 오스만 제국은 강화를 맺고 콘스탄티노플 주변을 뺀 유럽의 모든 영토를 잃었지.
이만하면 조약은 잘 맺은 거예요.
반드시 땅을 되찾고 말겠어!

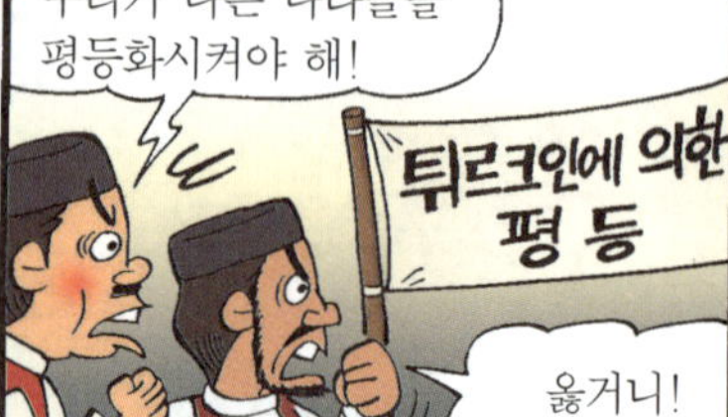

일본은 통감부를 설치한 초기에 대한 제국의 정부와 내각을 어느 정도 장악했어.
대한 제국을 손아귀에 넣긴 넣었는데….

하지만 대한 제국 황제의 권한과 궁내부의 권한을 완전히 빼앗을 수는 없었지.
아직 2프로가 부족해.

일본은 황제의 권한을 없애려 했고, 고종은 친일 내각을 무너뜨리려 했어.
폐하, 일본을 자극해서는 아니 되옵니다.
저 앞잡이를 쫓아내야 해!

이토는 1907년 5월 내각을 해체하고 이완용을 참정 대신으로 앉혔지.
통감 덕분에 좋은 자리를 얻었습니다.
난 황제의 폐위를 주장한 대감을 전부터 좋아했소.

곧이어 일본은 헤이그 밀사 파견을 핑계로 고종을 강제로 물러나게 했어.
폐하, 제가 거들어드릴까요?

그리고 강한 침략 정책을 펴기 위해 이완용의 매국 내각과 조약을 체결하려 했지.
통감, 조선 내각과 조약을 체결해야 우리 목표가 이루어져요.

마침내 7월 24일 밤 이완용과 이토 히로부미는 7개 항의 조약, 즉 정미칠조약으로 불리는 한일 신협약을 제결했어.
여기에 쓰인 그대로 하시지요.
하하하, 역시 참정 대신밖에 없소이다.

이미 이토가 조선의 모든 정무를 통제하고 있었으므로 조약은 이를 문서화하고 권한을 더 준 깃이있어.
오늘 수고 많았소.
필요하면 언제든지 부르세요.

그리고 조약에는 사실상 '합병'을 뜻하는 비밀 각서가 첨부되어 있었어.
군대를 해산하고 사법권과 경찰권을 일본이… 음, 마음에 들어.

각서에 따라 1907년 8월 군대가 해산되었고, 항일 의병 운동이 일어났지.
왜놈들은 물러가라!
황제 폐하를 복위시켜라!

일본은 한일 신협약으로 조선의 식민지화를 위한 마지막 발판을 다졌어.
뭐든지 기초가 튼튼해야 해.
조선 식민지화 사업

* 총에 맞은 오스트리아 황태자

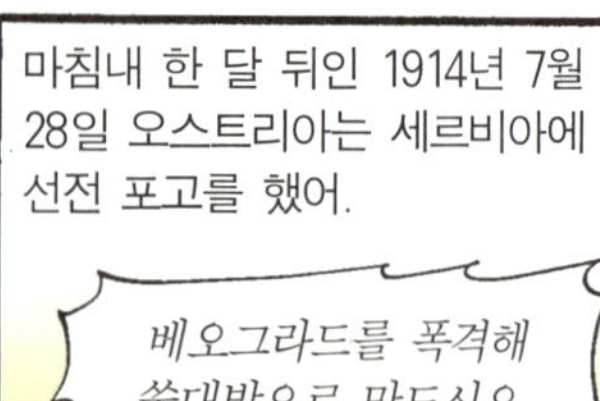

1908년 일본은 대한 제국의 경제를 독점하고 토지와 자원을 빼앗으려고 동양 척식 주식회사를 세웠어.
아빠, 이담에 저 멋진 건물에서 일하고 싶어요.
저긴 왜놈의 앞잡이가 일하는 곳이야!

1909년 1월부터 대한 제국에서 활동을 시작했는데 대한 제국과 일본 양쪽 국적의 회사였어.
여러분은 비록 조선에서 일하고 있지만 일본의 영광을 위해 일한다는 걸 꼭 명심하세요.

농업용 토지의 매매, 임차, 경영, 관리, 건물의 건설, 매매 등의 사업을 벌였지.
동양 척식 주식회사 사업 계획서입니다.
차질 없이 잘하세요.

그리고 일본 소작인을 조선으로 이민 보내는 이민 계획을 펼쳤어.
여기서 고생하지 말고 조선으로 가서 편하게 살아요.
?!

또 대한 제국 곳곳에 일본인 촌락을 만들고 많은 특혜를 베풀었지.
잘 지낼 수 있을까요?
혜택이 많으니까 아무 걱정 마요.
일본인 마을

1916년 일본에서는 쌀 폭동이라고 불린 소요 사태가 일어났어.
굶어 죽기 싫다!
쌀을 달라!

일본은 대한 제국에서 식량을 빼앗아 식량 부족을 해결하려고 했지.
더 없어?
아이고, 나리! 우리 먹을 건 있어야지요.

1917년까지는 일본인 이주, 농업 경영, 토지 경영 등이 주요 사업이었어.
해도 해도 끝이 없네.
열심히 해야 조선 땅을 많이 빼앗을 수 있지.

1917년 본점을 도쿄로 옮기고 일본 국적의 회사가 되었으며 대한 제국에 지점을 두었지.
도쿄 본점으로 발령 났다!
야호!

동양 척식 주식회사는 소작인에게 5할이나 되는 고액의 소작료를 요구하거나,
휴우, 소작료로 반이나 내니 헛농사야!

춘궁기에 곡식을 빌려주었다가 2할 이상의 이자를 받아 원성을 샀지.
여보, 애 죽이라도 쑤어 주게 쌀 좀 빌려요.
하지만 이자가 워낙 비싸서….
응애응애!

중국의 일반 백성은 한나라 때부터 써오던 문자를 쓰지도 읽지도 못했어.
아니, 자네 글을 읽을 줄 아는가?
에헴, 흰 건 종이고 까만 건 글씨잖아.

중국이 다른 나라들보다 뒤처졌다고 생각한 후스는 문학 혁명을 일으켰지.
문맹자가 많아서 후진국을 면할 수 없어.

후스는 '백화 문학', 즉 소리 나는 대로 쓰는 구어 문학을 주장했어.
이런 어려운 글은 사람들이 못 읽어요.
일상생활에서 쓰이는 말을 그대로 씁시다.

문학 혁명은 1904년 천두슈가 백화문 신문을 펴내면서 시작되었어.
글도 모르면서 신문인가?
이 신문 자네도 한번 보게. 읽기 쉬워.

중국 공산당 창건자 천두슈가 중심이 된 잡지 《신청년》이 문학 혁명의 근거지였어.
선생님, 드디어 잡지가 나왔습니다.
신청년

천두슈는 후스를 지지했고, 후스는 이에 힘을 얻어 〈문학개량추의〉를 썼지.
중국 문학은 백화문을 받아들여야 합니다.

1917년 천두슈는 '문학 혁명론'을 발표하여 후스의 사상을 지지했어.
문학 혁명의 기치를 올립시다!

그리고 "인민의 문학, 리얼리즘 문학, 대중 문학을 창조한다"는 슬로건을 내걸었지.
문학은 대중과 함께해야 합니다.

1918년 《신청년》에 발표된 루쉰의 《광인일기》는 문학 혁명을 실천한 작품이야.
루쉰 선생님은 우리 나라를 문화국으로 발전시킨 선구자이셔.

그 후 백화문은 전국에 널리 퍼지면서 중국 문장 생활의 주가 되었지.
백화문은 일상어로 쓰여 대중이 쉽게 이해할 수 있대.

1920년 중국 정부는 초등 교과서를 백화문으로 바꾸라는 지시를 내렸고,
아이들은 우리와 달리 글을 쉽게 익히게 됐어.
참 잘한 일이야.
공고

중·고등 교과서도 백화문을 쓰면서 공식적인 중국 국문으로 인정받게 되었지.
배우기 쉬워졌으니까 열심히 공부해라.
교과서

* 꼬레아 우라: '대한 만세'라는 뜻의 러시아 말

* 페트로그라드: 오늘날의 상트페테르부르크

1909년 7월 일본은 내각 회의에서 대한 제국을 병합할 방침을 이미 확정했어.
명분만 얻으면 대한 제국은 완전히 우리 거야.

일본 정부는 스기야마 시게마루에게 합방 청원 시나리오를 준비시켰지.
일진회가 순종에게 합방을 청원하게 하라.

앞서 송병준은 1909년 2월 일본으로 건너가 나라를 팔아넘길 흥정을 벌였어.
다 된 밥이잖아요? 빨리 대한 제국을 합병하세요.

송병준의 활동을 안 이완용도 통감부 고마쓰 미도리와 합방 교섭에 나섰지.
자네가 일본어를 잘하니까 내 비서로 교섭에 나서게.

그 무렵 통감부는 이완용 내각을 대신해 송병준 내각을 세울 거라고 소문을 퍼뜨렸어.
뭣이! 송병준에게 내각을 넘길 순 없어!

이완용은 자신의 내각이 합방 조약을 맺을 수 있음을 통감부에 알렸지.
어떤 내각도 지금보다 친일적이진 못할 겁니다.

마침내 일본은 스기야마 시게마루를 내세워 일진회의 이용구와 송병준에게 '합방 청원서'를 만들게 했어.
어서 합방 청원서를 황제께 올리시오.

한편 이용직은 조약을 반대했지만 이완용과 7명의 대신은 조약 체결에 찬성했지.
아, 나만 반대고 다 찬성이라니… 매국노들!

이완용과 제3대 통감인 데라우치 마사타케기 회의를 기쳐 조약을 체결했어.
이로써 대한 제국의 모든 통치권이 넘어갔소.
하하하

하지만 조약을 체결한 뒤 민중의 저항을 두려워해 발표를 미루었지.
조약 체결을 언제 발표할까요?
음, 당분간 숨기게.

그리고 원로 대신들을 연금한 뒤 순종에게 '나라를 넘겨준다'는 발표를 하게 했어.
폐하, 종묘사직을 꼭 지키셔야 하옵니다!
흑흑흑!

이로써 500여 년을 이어온 조선은 국권을 잃고 일본의 식민지가 되었지.
왜놈의 개가 되느니 차라리 떠나자!
조선

제1차 세계 대전 중인 1917년 1월 독일은 무제한 잠수함전을 개시했어.
독일이 다시 잠수함으로 연합군을 공격했답니다.
평화를 위해 노력했건만….

윌슨은 독일에게 상선과 여객선만 공격하지 않으면 협상을 하겠다고 했지.
나랑 얘기 좀 합시다.
난 할 얘기가 없소이다.

하지만 잠수함 공격으로 항구에 화물이 쌓이자 미국인은 불만을 터뜨렸어.
잠수함 때문에 배가 다니지 못하니….
내 짐이 다 썩네, 썩어!
아이고

게다가 독일 외무 장관 치머만이 주멕시코 독일 대사에게 보낸 비밀 전보를 영국이 가로채는 사건이 터졌지.
뭐? 멕시코에게 일본을 끌어들여 함께 미국을 공격하게 하라고!
대가로 텍사스, 뉴멕시코, 애리조나를 돌려주겠다는군.

또 미국 상선 라코니아호가 독일 잠수함에게 침몰되자 미국 여론은 더욱 나빠졌어.
이런! 독일 잠수함이 우리 상선을 공격했어.
사람들도 죽고 다쳤네.
상황이 이런데 가만있을 거야?

결국 윌슨은 그해 4월 의회에 전쟁 선포를 요청했고, 압도적으로 통과되었지.
안건이 통과되었음을 선포합니다!
탕탕탕

미국은 전쟁 준비가 되어 있지 않았지만 윌슨은 아주 뛰어난 지도력을 발휘했지.
나만 믿고 따라오시오!

1918년 1월 윌슨은 '평화 원칙 14개조'를 발표하며 민족 자결주의를 부르짖었어.
여러분, 우선 비밀 외교를 폐지해야 합니다.

독일은 전쟁에 질 것 같자 1918년 10월 윌슨의 평화 원칙을 받아들이겠다고 했지.
이제 전쟁을 끝냈으면 합니다.

영국과 프랑스는 반대했지만 연합군 사령관, 독일 정부는 이를 받아들였어.
우리끼리 잘해봐요.

전쟁이 끝난 후 전승국들은 파리에서 강화 회의를 열었으나 효과는 없었어.
우리에게는 별 이익이 없어요.
우리도 마찬가지예요.

* 국권: 국가가 행사하는 권력, 즉 주권과 통치권을 이름

제1차 세계 대전이 끝나자 연합국과 관련국, 독일 사이에 평화 협정이 맺어졌어.

* 베르사유 조약 서명

1919년 6월 28일 파리 베르사유 궁전의 거울의 방에서 평화 조약이 조인되었지.
40년 전 독일 빌헬름 1세의 대관식이 열린 치욕을 갚았군.

프랑스, 영국, 미국, 이탈리아가 중심이 되어 회의를 이끌었어.
우리 목소리가 너무 크지 않나요?
그러게 말이에요, 허허.

조약 규정에 따라 독일 주민과 영토의 규모가 10퍼센트 정도 줄어들었지.
무게가 가벼워져서 덜 힘드네.

알자스로렌 지방이 프랑스로 넘어갔고 폴란드도 영토를 얻었어.
엄마, 여긴 어느 나라예요?
프랑스, 독일… 글쎄?
알자스로렌

독일이 갖고 있던 중국과 적도 이북의 태평양 식민지는 일본이 가져갔지.
땅이 거저 생겼다!
흥, 원님 덕에 나팔 분다더니.
야호!

한편 경제학자들은 독일이 전쟁 배상금을 치르려고 많은 자금을 끌어들이면 세계 경제에 혼란을 가져올 수 있다고 우려했어.
독일이 돈을 마구 끌어들이면 세계 경제가 큰 혼란에 빠질 수 있어요.

연합국 대표들은 독일은 배상금을 지불해야 하며 날짜가 지나면 조약에 대응 조치를 마련해야 한다고 주장했지.
독일은 반드시 배상금을 내야 합니다.
날짜도 꼭 지키게 해야 합니다.

4개 승전국 지도자들은 독일이 다시는 전쟁을 일으키지 못하게 해야 한다고 했어.
고개 들지 마!

그래서 독일군은 10만 명으로 줄었고 라인 강 동쪽 요새와 진지는 철거됐지.
잘 가게.
자네라도 남았으니 다행이야.

베르사유 조약은 독일 사람에게 큰 수치심을 불러일으켰어.
이런 일방적인 조약이 있나?
우리 희생만 요구하고 있잖아!

* 수조권: 토지로부터 세금을 거둘 수 있는 권리

땅 주인이 명확치 않고, 땅문서도 없고, 땅 크기와 경계선도 뚜렷하지 않았거든.

일본은 식민지 정책을 펴기 위해 토지 소유권을 분명히 해야 했어.

1905년 통감부 시대 때부터 일본은 근대적 토지 소유권을 세우려고 했지.

그 후 1910년 초 일본은 조선에 토지 조사국을 설치해 토지 조사 사업의 기초를 마련했어.

한일 병합이 되자 1912년에는 토지 조사령을 공포해 본격적으로 시행했지.

토지의 소재·가격·지형 등을 조사하고 측량한 토지 조사 사업이 1918년에야 끝났어.

일본이 토지 조사 사업을 벌인 것은 토지를 빼앗기 위해서였지.

결국 조선 총독부는 토지 조사 사업으로 조선의 많은 땅을 차지했어.

1930년대 통계에 따르면 조선의 논밭과 임야 40퍼센트가 총독부 소유였대.

* 제네바에 있던 국제 연맹 본부

한국사

헤이그 특사였던 이상설은 1908년 미국에서 대한 제국의 독립 지원을 호소했어.
제발 우리나라가 독립할 수 있도록 도와주세요!
대한 제국 독립……

콜로라도 주에서 개최된 애국 동지 대표 회의에도 연해주 대표로 참석했지.
교포 여러분, 힘을 모읍시다!

1909년 이상설은 블라디보스토크로 가 최초의 독립운동 기지를 건설했어.
왜놈을 안 보니 살 것 같네.
어쨌든 독립만이 살길일세.

1910년에는 유인석, 이범윤, 이남기 등과 13도 의군을 편성했지.
죽을 때까지 일제와 싸웁시다!
와아- 와아-

고종에게도 13도 의군 편성을 알리고 러시아 망명을 권하는 상소를 올렸어.
군자금을 하사하고 망명 정부를 세우라고…

그리고 미국, 러시아, 중국에 일본을 규탄하고 독립 결의를 밝힌 선언서를 보냈지.
한일 병합을 반대한다!

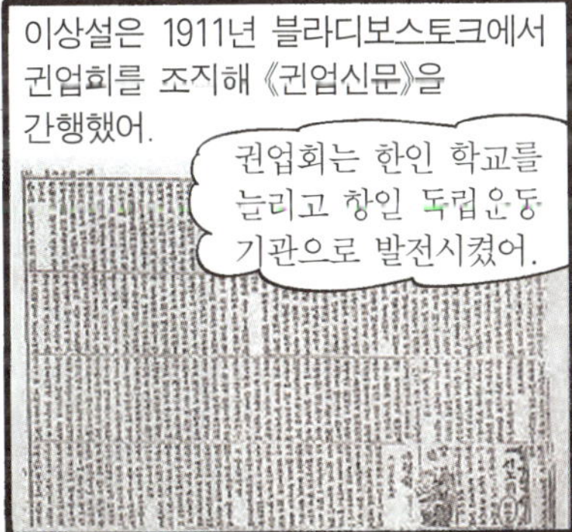
이상설은 1911년 블라디보스토크에서 권업회를 조직해 《권업신문》을 간행했어.
권업회는 한인 학교를 늘리고 항일 독립운동 기관으로 발전시켰어.

그리고 나라 밖에 흩어져 있는 무장 독립운동 단체를 모아 조직을 갖췄지.
빨리빨리 줄 서세요.
권업회

그들은 1914년 대한 광복군 정부를 수립하고 대통령에 이상설, 부통령에 이동휘를 선출했어.
만세! 만세! 만세!

당시 대한 광복군 정부는 나라 밖의 독립운동을 이끌면서 독립 전쟁을 준비했지.
영차 영차
독립운동

그러나 제1차 세계 대전이 일어나자 러시아는 한인의 민족 운동을 금지시켰어.
이 선 밖으로는 넘어오지 마시오!
민족 운동

1914년 9월 권업회가 해산당하자 대한 광복군 정부도 해체되었지.
훗날을 기약합시다!
독립군 육성에 힘을 쏟겠습니다.
텅-

중국에는 러시아 10월 혁명의 영향으로 사회주의 사상이 널리 퍼졌어.
따라와.

그러자 소비에트 및 코민테른은 중국 공산당을 조직할 필요를 느꼈지.
사회주의자를 한곳에 모아 조직화시켜야 해요.

그래서 코민테른의 극동 부장인 보이틴스키가 중국에 파견되었어.

보이틴스키는 1920년 초 리다자오를 만났으며, 리다자오의 소개로 천두슈와 접촉했지.
선생, 만나서 반갑소.

그 무렵 천두슈는 베이징 대학 교수직에서 물러나 상하이에서 문필 생활을 하고 있었어.
5·4 운동 때 체포, 투옥된 적이 있었지.

보이틴스키와 천두슈와의 만남은 중국에 공산당의 씨를 뿌리는 계기가 되었지.
선생의 이론을 중국에 널리 퍼뜨리겠습니다.

보이틴스키의 권유를 받은 천두슈는 그해 8월 공산당 창립 발기인 대회를 열었고, 이후 공산주의 조직이 중국 각지로 확대되었어.
여러분, 중국 공산주의를 위해 건배!

1921년 3월에는 인도네시아에서 마링이 코민테른 극동 책임자로 중국을 방문했지.
많은 도움을 주세요.

마침내 1921년 7월 제1회 전국 대표 대회가 열려 중국 공산당 성립이 선언되었어.
드디어 이 거대한 대륙에 공산당이 탄생했어.
중국 공산당

대회에는 둥비우, 마오쩌둥, 장궈타오, 저우포하이 등 열세 명이 참석했지.
마오쩌둥을 서기로 뽑읍시다.
찬성이오!

창립 당시 중국 공산당은 힘이 아주 약했으나 수년 후에는 강한 세력이 되었어.
군벌 타도!
민족 해방 운동

한국사

대한 광복회는 1915년 대구에서 결성된 대한 제국의 항일 독립운동 단체야.
독립을 위해 목숨 바쳐 싸웁시다!
대한광복회

세계 대전이 일어나자 1913년 광복단, 1915년 조선 국권 회복단이 조직되었지.
의병 출신은 이쪽!
독립군 지원은 이쪽!
광복단
조선 국권 회복단

1915년 7월 대구에서 광복단과 조선 국권 회복단의 일부가 대한 광복회를 결성했어.
우리 한뜻을 위해 힘을 모읍시다.

총사령에 박상진, 부사령에 이석대를 선임하고 경상도에서 조직되었지.
총사령께 경례!

대한 광복회는 잡화상을 설립해 연락처로 삼고 군자금을 늘려갔어.
일본 관헌이 눈치채지 않았죠?
○○잡화상

그리하여 대한 광복회는 친일파 부호의 처단, 독립군 양성 등의 활동을 했지.
서간도의 독립군 기지에 전하시오.

대한 광복회는 일본인 광산, 우편차를 습격해 군자금을 모으기도 했어.
다 가져가면….
좋은 데 쓸 테니 아끼워하지 마시오.

부호들에게 군자금이 잘 걷히지 않자 친일파에게 강제 모금할 계획을 세웠지.
음, 강제로 모금해야겠어.

그래서 1917년부터 부호들에게 '광복회'의 명의로 액수가 적힌 고지서를 보냈어.
말을 안 들으면 처단한다고?

고지서를 받고 돈을 보낸 사람도 있었지만, 고발하거나 반대하는 사람도 있었지.
고발하면 어쩔 거야.
경찰서

결국 친일 성향이 강한 대표적 부호를 몇 사람 골라 처단하고는 고시문을 붙였어.
친일 매국노

그런데 1918년 박용하의 고시문 때문에 조직이 드러나 무너졌지.
대한 광복회 놈들을 모조리 잡아들여라!

러시아에서는 1917년 10월 혁명이 일어나 소비에트 정부가 성립되었어.
모든 권력은 소비에트로 넘어왔습니다!
와아~
와아~

이때 트로츠키는 백군과 열강의 군대에 맞서려고 적위군을 적군으로 개편했지.
혁명에 반대하는 자들을 모조리 무찔러요!
적군

그 후 반대파를 모두 숙청해 볼셰비키가 정권을 잡았어.
따라와, 반대하면 어떻게 되는지 보여줄게!
적군

그 뒤 1918년 러시아 소비에트 연방 사회주의 국가가 탄생했지.
열강과 백군을 무찌른 러시아 공화국 만세!

1922년 12월 30일 3개국이 가입해 소비에트 사회주의 공화국 연방(소련)이 성립됐어.
우리도 끼워주시오!
우크라이나
자카프카지예
벨라루스

이후 소련은 15개 공화국으로 이루어진 세계 최대의 다민족 국가가 되었지.
민족은 다르지만 우린 같은 나라 사람!

소비에트 사회주의 공화국 연방이라는 이름은 소비에트에서 나왔어.
소비에트는 러시아어로 '평의회'를 뜻해.

노동자 조직인 소비에트는 각 계층에 설치되어 있었지.
사회주의 혁명의 성공을 위하여!

소련은 성립기와 말기를 제외하면 공산당 일당 독재 체제였어.
공산당이 나가신다~

소비에트 연방기의 붉은색은 혁명, 금색 낫과 망치는 농민과 노동자, 그 위의 붉은 별은 5대륙 노동자의 단결을 뜻했지.
국기를 향해 경례!

1924년 집권한 스탈린은 세계 혁명론을 주장한 트로츠키와 달리 국내 안정이 더 중요하다는 일국 사회주의를 내세웠어.
나라 안부터 안정시켜야 혁명도 성공할 수 있소.
많은 사람이 숙청되겠군.

* 노령: 러시아 땅인 시베리아 일대

* 터키의 북쪽 흑해에 위치한 오늘날의 삼순

* 대한민국 임시 정부 국무원들

비록 3·1 운동은 실패했지만 세계 각국에게 한국의 독립 의지를 전파했어.

무솔리니는 제1차 세계 대전 때 부상을 입고 반사회주의자가 되어 돌아왔어.
지금부터 난 절대 사회주의자가 아니야!

1918년 2월 무솔리니는 구체제의 악폐를 없앨 수 있는 독재자의 필요성을 주장했지.
썩은 나라를 바로잡을 지도자가 나와야 합니다.

3개월 후 볼로냐에서 자신이 그런 지도자가 될 수 있음을 암시했어.
여러분이 원하면 제가 총대를 멜 수 있습니다.

그곳에서 무솔리니는 검은 셔츠를 차려입은 수많은 지지자에게 둘러싸여 있었지.
무솔리니!
무솔리니!

무솔리니의 열정적인 몸짓은 집회장을 메운 군중을 열광의 도가니로 몰아넣었어.

* 열변을 토하는 무솔리니

1922년 여름 이탈리아 국민이 우려했던 사회당 총파업이 시작됐지.
우리의 요구를 들어달라!
들어달라!
들어달라!
총파업

무솔리니는 정부가 파업을 막지 않으면 파시스트가 나설 것이라고 선언하고 로마로 가 정권을 인수받을 것이라고 공표했어.
우리에게 권력을 넘겨주지 않으면 로마로 진군해 정권을 인수받겠소.
로마!
로마!

모든 준비를 끝낸 파시스트 동조자들은 이탈리아 전역에서 로마로 행군을 시작했지.

결국 비토리오 에마누엘레 3세는 무솔리니에게 조각을 위탁했어.
폐하, 파시스트가 몰려오고 있습니다.
파시즘을 받아들일 수밖에.
끙~

1922년 10월 무솔리니는 파시스트 정권을 세우고 가장 나이 어린 총리가 되었지.
모두 나에게 충성하시오!

1924년에는 선거 부정을 저질러 독재 체제의 확고한 기틀을 다졌어.
이후 최고 통치자를 뜻하는 두체로 불렸어.

* 훈춘 사건: 일본이 중국 마적단을 매수해서 훈춘 일본 영사관을 습격하게 한 사건

1925년 열강은 상하이, 톈진 등에서 중국인 노동자를 학대했어.
이걸 일이라고 한 거야?
월급도 조금 주면서…

2월 상하이의 일본인 방적 공장에서 중국인 여자를 학대해 파업이 일어났지.
대우를 개선해라!
월급을 올려달라!
나이가이면 주식회사

4월 칭다오의 일본인 공장들까지 파업하자 일본 군함이 출동했어.
우리 덕에 먹고살면서 어딜!

항쟁은 다시 상하이로 퍼졌고 일본인 경영자들은 공장을 폐쇄했지.
이런, 공장 문을 닫았어.

이를 항의하자 상하이 공부국의 인도인 경찰관이 총을 쏴 한 명이 죽고 여섯 명이 다쳤어.
날 원망하지 마. 난 영국의 명령을 따랐을 뿐이야.

결국 학생들까지 참여한 민중 운동으로 번졌고, 공부국은 시위자를 잡아들었지.
뜨거운 맛을 봐야 해.

그런데 한 학생이 무죄 판결을 받은 친구를 석방하지 않는 걸 항의하다가 체포되자 1만여 명이 시위를 했어.
공부국
학생들을 석방하라!

이때도 인도인 경관이 총을 쏴 많은 사람이 죽거나 다치고 체포되었지.
탕 탕
탕
빨리 도망쳐요!

이에 큰 충격을 받은 상하이 노동자 20만 명이 6월 총파업을 일으켰어.
파업만이 우리가 살길입니다!

이어 학생, 상인 등 전국 각지의 모든 계층이 참여하자 일본, 미국, 이탈리아, 영국 등은 군대를 파견해 탄압했지.
학생은 학교로 돌아가고 상인은 상점 문을 열어!
노동자는 가서 일해!

총파업은 8월 말에 끝났지만 베이징, 난징, 톈진, 우한에까지 퍼져 사람들에게 반외세 의식을 심어주었지.
제국주의는 물러가라!
반외세
우리끼리 행복하게 살고 싶다!

천안에서 태어난 유관순은 미국인 여선교사의 권유로 1916년 이화학당 보통과에 입학했어.
여성도 배워야 해요.
열심히 할게요.
이화학당

유관순은 1918년 보통과를 졸업한 뒤 이화학당 고등과에 입학했지.
훌륭한 사람이 될 거야!

유관순은 18세가 되던 1919년, 3·1 운동이 일어나자 시위에 참가했어.
선생님이 아무리 말려도 독립 만세는 불러야 해.

1919년 3월 10일, 임시 휴교령이 내려지자 유관순은 천안으로 내려가 3·1 운동 상황을 알려주며 만세 운동을 벌이자고 했지.
전국에 만세 운동이 한창입니다. 우리도 만세 운동을 벌입시다.

1919년 음력 3월 1일, 아우내 장이 서는 날 수천 명이 모이자 유관순이 앞장서 독립 만세를 부르며 시위를 이끌었어.
대한 독립 만세를 목청껏 외칩시다! 대한 독립 만세!

이때 유관순은 붙잡히고, 아버지와 어머니는 일본 헌병의 총칼에 죽었지.
어머니, 아버지!

유관순은 일제의 무자비한 고문에도 항거 정신을 결코 굽히지 않았어.
누가 사주했어?
나 혼자서 한 일이다.

재판을 받을 때에도 독립 만세를 부르며 일제의 침략을 규탄하고 항거했지.
대한 독립 만세! 일본은 반성해라!

그뿐만 아니라 형무소에 복역하면서도 틈만 나면 독립 만세를 외쳤어.
대한 독립 만세!
조용히 해!

그때마다 유관순은 끌려가 모진 고문을 받았는데 고문을 견디다 못해 옥사했지.
대, 대한 독립 만세…

1920년 10월 12일 이화학당에서 유관순의 시신을 수습했어.
당시 서대문 형무소는 고문 사실이 알려질까 봐 시신을 내주지 않으려고 했대.

세계사

계속된 탄압으로 어려움을 겪던 중국 공산당은 국민당과 손을 잡기로 했어.
우리 당이 뿌리째 흔들리고 있어요.
음, 권고대로 국민당과 손을 잡읍시다.

한편 소련의 지원으로 혁명 정부를 세운 쑨원은 1923년 강령을 발표했지.
소련, 코민테른, 공산당과 합작해 국민당을 개선해야 합니다.
음

그리고 1924년 초 리다자오 등 유명 공산당원을 개인 자격으로 국민당에 받아들였어.
받아주셔서 감사합니다.
국민당을 위해 힘껏 일하세요.

소련에서 돌아온 장제스는 황푸 군관 학교를 설립, 장교를 길러 국민 혁명군을 조직했지.

* 국민 혁명군 기병대

5·30 사건 때 황푸 군관 생도들은 영·프 연합군에 맞서 용감하게 싸웠어.
왜 이렇게 잘 싸워?
황푸 군관 학교 나왔거든.

이 일로 국민당은 국민적 지지를 얻어 1926년 당원이 20만 명이나 되었지.
나도 국민당원이 될 거야.
국민당
가입원서

공산당도 1,000여 명이었던 당원 수가 5·30 사건 이후 1만 명으로 늘어났어.
난 파업을 잘 이끈 공산당이 좋아.
공산당

그러자 국공 합작을 지지하는 좌파와 반대하는 우파 간에 갈등이 깊어졌지.
뜻이 다른 너희와 함께할 수 없다.
나도 너희가 싫다.
우파
좌파

1925년 3월 쑨원이 죽은 뒤 우파인 장제스는 중산함 사건을 일으켜 권력을 잡았어.
공산당은 저리 비켜!

1926년 7월 장제스는 국민 혁명군 총사령관에 임명, 북벌*을 시작했지.
쑨원의 뜻을 받들어 중국을 통일하자!
국민혁명군

* 북벌: 베이징 군벌 타도가 목적이었음

1927년 3월 상하이와 난징을 탈환한 장제스는 좌파 정부와 대립했어.
난 빨간색이 싫어!
난 흰색이 싫어!
우파 정부
좌파 정부

그 뒤 좌파와 공산당을 소탕한 장제스는 우파를 이끌고 난징에 국민 정부를 세웠지.
공산당은 우리의 적이다!

1923년 일본은 간토 지방에서 일어난 대지진으로 민심과 사회 질서가 매우 어지러웠어.

* 관동 대지진의 피해

일본 내무성은 계엄령을 선포하고 치안에 최선을 다할 것을 강조했지.
비상시국이니 정신들 차리게!
네!

그런데 이때 조선인을 조심하라는 경찰 지시가 있었어.
조선인의 테러를 주의하라고….
경찰서
!

신문은 내용을 확인하지도 않은 채 유언비어를 보도했어.
조센징들이 우물에 독을 풀고 불을 지른대.
폭동이잖아!

헛소문은 일본인에게 조선인과 중국인에 대한 적개심을 일으켰어.
가만히 앉아서 당할 순 없어.
빨리 대책을 마련해야지.

그러자 일본인은 자경단을 조직해 조선인과 중국인을 마구 죽였지.
조센징은 모두 죽여야 해.

지방 출신 일본인, 서양 출신의 일본 기자도 조선인으로 오해받아 죽었어.
난 일본인이오.
거짓말! 발음이 이상해!

심지어 자경단을 피해 유치장으로 피한 조선인까지 끌어내 죽였지.
거기 조센징, 이리 나와!

일본 정부는 조선인 폭동이 없다는 것을 알았지만 확실을 막지 않았어.
자경단을 말려야 하시 않습니까?
그냥 모른 척하게.

그뿐만 아니라 붙잡힌 자경단원을 증거가 부족하다며 풀어주었지.
죄가 없는 것 같으니 가시오.
경찰서

이후 일본 정부는 조선인 사상자는 2~3명밖에 없다며 사건을 숨겼어.
뭐? 죽은 사람이 두세 명이라고!
사실이 조선에 알려질까 봐 두려운 거야.

또한 조선인 폭동설을 거짓으로 꾸며 일본의 사회적 혼란을 가라앉히려고 했지.
넌 우리를 위해 희생되어야 해.
조선인

1928년 8월 파리에서 영국, 프랑스, 미국 등 15개국이 전쟁 포기 조약을 체결했어.
우린 절대 전쟁을 안 한다!

이 조약을 주도한 사람의 이름을 따 켈로그·브리앙 조약이라고도 해.
우리가 앞장서기를 잘했어요.
프랑스 외무 장관 브리앙
미국 국무 장관 켈로그

파리 조약은 1차 대전 뒤 평화를 위한 노력 중 가장 야심만만한 것이었어.
튼튼하게 쌓읍시다.
세 계 평 화

국제 연맹의 큰 약점은 연맹을 만들 때 주도한 미국이 가입하지 않은 것이었지.
멍석은 깔아주었으니 알아서 하겠지.

그 약점을 보완하려고 브리앙은 1927년 프랑스와 미국 간 불가침 협정을 제안했어.
독일이 재침략할 수도 있으니 우리는 불가침 협정을 맺죠.

그러자 켈로그는 다자간 협정으로 바꾸자고 했고, 프랑스가 수락했지.
이왕이면 다른 나라도 끼워주지요?
좋은 생각입니다.

세계 대부분의 국가가 켈로그·브리앙 조약에 서명함으로써 전쟁 포기에 합의했어.
모두 저리 갑시다.
전쟁포기

그러나 서명국들은 이 조약에 다양한 제한과 자기중심적 해석을 내렸지.
적국이 쳐들어오면 맞서 싸워야지.
잘 지켜질까?

게다가 강제력이 없었으므로 완전히 무용지물이었어.
우리가 야만적이래?
그까짓 종이 찢어버려.

하지만 파리 조약은 현재까지도 유효하며 미국 등 69개국이 가입되어 있어.
찢어버린다고 조약 맺은 사실이 없어지니?

체코 공화국이 1993년 파리 조약에 가입한 것은 이 조약의 효력이 살아 있다는 증거야.
우리도 전쟁이 싫어.
파리 조약

파리 조약은 조약국 간의 불가침과 평화적 해결 의무를 규정하고 있지.
평화를 기원합니다!
파리 조약

* 인산일: 임금의 장례식 날

* 순종의 장례식

* 뉴욕 증권 거래소가 있는 뉴욕 월 스트리트

3·1 운동 이후 민족 운동이 국내외에서 활발하게 전개되었어.
독립의 그날까지 싸웁시다.

그러자 일본은 문화 정치라는 속임수로 민족 독립운동의 힘을 약화시키려 했지.
요즘은 살 만할 텐데… 얌전히 있게.

특히 실력 양성 운동을 일본 지배하의 자치 운동으로 바꾸려 했어.
머리띠 풀고 이거나 들게.
실력양성운동
자치 운동

그러자 이상재, 안재홍, 권동진 등은 '비타협적 민족 전선의 수립'을 부르짖으며,
일제의 자치론과 타협할 수는 없소!

자치 운동을 비난·규탄하는 운동을 펼치는 한편, 사회주의자와 손을 잡으려고 했어.
안 선생, 내가 홍명회 선생을 만나봐야겠소.

마침내 1927년 2월 그들은 이념을 초월한 독립운동 단체 '신간회'를 창립했지.
오로지 일제의 식민지 통치에 대항할 뿐이다.
신간회

창립인은 홍명희, 중앙 집행 위원장 이상재, 안재홍·신채호 등 34명이 발기인이었어.
홍 선생, 고맙소.
힘껏 돕겠습니다.

신간회는 국내외에 100여 개의 지회가 있었고 회원도 4만여 명에 이르렀지
눈엣가시인데 합법적 단체니 손댈 방법이 없군.
신간회

신간회 활동 가운데 가장 주목할 것은 민족 독립 이론을 발전시킨 점이야.
사상은 다르지만 목표는 하나요.
민족독립이론

3·1 운동 후 조선에서는 사회주의와 민족주의가 심한 갈등을 빚었지.
난 사회주의가 싫소.
흥, 자유주의는 좋은 줄 아시오?
민족주의
사회주의

게다가 민족주의도 '타협적 민족주의'와 '비타협적 민족주의'로 갈라지게 되었어.
아무리 그래도 일제와 타협하면 안 돼요.
신간회

신간회는 사회주의 세력과 민족주의 세력이 함께했다는 데 의의가 있지.
우리 함께 힘을 합쳐 싸웁시다.

영국은 그 소금을 인도인에게 비싸게 팔아 큰 이익을 얻었고 높은 세금까지 매겼어.

사람들은 소금이 식민 통치와 무슨 상관이 있다는 것인지 의아해했어.

한국사

1929년 10월 나주로 가는 통학 열차에서 일본인 광주 중학생들은 광주 여자 고등 보통학교 박기옥 등을 희롱했어.
조센징, 예쁘네.
이것 못 놔?
아얏!

이를 본 박기옥의 사촌 동생 광주 고등 보통학교 박준채와 싸움이 일어났고, 학교끼리의 싸움으로 번졌지.
너희가 얘를 때렸니?
맞을 짓을 했으니 맞았지.

이에 일본 경찰은 일본인 학생 편을 들었고 《광주일보》도 불공정한 보도를 했어.
저리 가!

한편 1929년 11월 3일은 일본 메이지 천황의 생일을 축하하는 명치절이었지.
오늘은 음력 개천절이야.
그래? 천황의 생일을 축하하지 말자.

이날 조선인 학생들은 일본 국가인 〈기미가요〉를 부를 때 전혀 입을 열지 않았어.

명치절 기념식이 끝난 뒤 학생들은 광주일부사로 가 윤전기에 모래를 뿌렸지.
공정하지 못한 신문은 못 찍게 해야 해.

그리고 조선인 학생과 일본인 학생 사이에 싸움이 또 일어났어.
본때를 보여주자!

이 일을 계기로 학생들은 구호를 외치며 광주 시가지에서 시위했지.
식민지 교육 철폐!
조선 독립 만세!
광주 중학 타도!

일본은 광주 시내 모든 중등학교에 휴교령을 내렸으며, 조선인 학생을 구속했어.
애야, 넌 집에 가라.

그러자 광주 학생들은 11월 12일 광주 형무소를 포위하고 다시 시위를 했지.
조선인 학생을 석방하라!.
조선 독립 만세!

광주 학생 시위가 전국에 알려지면서 학생들의 항일 운동도 전국으로 퍼졌어.
광주

1930년대 중국에서 국권 회복 운동이 일어나자 일본은 만주 침략을 별렀어.
장제스가 만주 철도 포위선을 건설한답니다.
음, 그 전에 만주를 삼켜버립시다.

그래서 일본 관동군 참모가 중심이 되어 만주를 침략할 구실을 꾸몄지.
어떻게 해서든 침략의 구실을 만들어야 하오.

1931년 9월 18일 밤, 관동군은 만주 철도를 폭파해 중국 장쉐량 군대에게 누명을 씌웠어.
쾅

공격을 시작한 일본 관동군은 이튿날 만주 철도 근처의 주요 도시를 점령했지.
철도를 파괴한 장쉐량의 군영을 공격하라!

일본 관동군은 만주를 침략한 지 5일 만에 요동성, 지린 성의 대부분을 장악했어.
여기까지 오는 데 겨우 5일 걸렸습니다.

그리고 이 지역 군 장교를 협박해 중국으로부터 독립을 선언하게 했지.
만세, 독립 만세!
잘했소.

10월 진저우를 폭격하고 만주 남쪽을 점령한 후 11월, 치치하얼을 점령했어.
우리가 가는 길에 거침이 없군.
만주를 금방 손에 넣겠어.
치치하얼

1932년 1월 진저우, 2월 하얼빈을 점령, 만주 북쪽도 손에 넣었지.
어느 정도 목표는 달성했군.

관동군은 만주에 괴뢰 국가를 세우기 위해, 망명 중이던 청나라 황제 푸이를 탈출시켰어.
폐하는 곧 만주국의 황제가 되십니다.

마침내 만주국이 세워졌고 만주는 중국 침략을 위한 병참 기지가 되었지.
중국을 손에 넣는 건 시간문제야.
만주국
으흐흐

그 뒤 3월 푸이가 정권을 잡아 새로운 국가로 출발했어.
짝짝짝
짝짝짝! 폐하, 잘 어울리십니다.

이후 군부와 우익이 정국을 장악하고 일본을 파시즘 체제로 전환시켰지.
우리의 살길은 오로지 전쟁이오.
지당한 말씀입니다.

* 천장절: 일본 천황의 생일을 축하하는 일본의 명절

* 일본 가나자와 시에 있는 윤봉길 의사 위령비

1929년에 일어난 세계 대공황으로 독일은 실업자가 600만 명으로 늘었지.
휘잉!
세계 대공황
내일부터 뭐 먹고 사나?

그 무렵 히틀러의 나치스는 18.3퍼센트 표를 얻어 제2당이 되었지.
내가 곧 저 피켓을 들 거야.
나치스
사회민주당

그러자 히틀러는 연립 내각을 거절하고 단독 집권을 요구했어.
함께 이번 위기를 이겨냅시다.
그러지 말고 나한테 힘을 실어주시오.

하지만 히틀러는 1932년 대통령 선거에서 힌덴부르크에게 졌지.
축 당선
축하합니다.
짝 짝짝!

또한 11월 총선거에서는 지지율이 떨어지며 나치스의 당세가 기울었어.
나치스
점점 내려가는 것 같네.

그러나 공산주의를 싫어하는 자본가와 지배 계급의 많은 사람이 히틀러를 지지했지.
이리로 오세요.
자본가

힌덴부르크는 경제계와 정계의 혼란을 수습하려고 1933년 히틀러를 총리로 임명했어.
이 어려움을 꼭 수습해주시오.
총리 임명장

이후 히틀러는 공산당과 사회민주당을 불법화하며 독재 체제의 기틀을 세웠지.
국회 의사당에 불을 지른 너희를 용서할 수 없어!
흥, 하지도 않은 일을 꾸미다니….
공산당
사회 민주당

1934년 8월 힌덴부르크 대통령이 죽자 히틀러는 국민 투표를 통해 총통이 되었어.
국민의 90퍼센트가 지지했대.

그 뒤 600만 명의 실업자가 모두 일자리를 찾았고, 생산도 두 배로 늘어났지.
총통의 말대로 경제가 살아났어.

전국 곳곳에 아우토반(고속도로)이 건설되었고, '딱정벌레 국민차'도 보급되었어.
히틀러 총통 각하, 최고!

국민의 환호와 열광을 받은 히틀러는 독일을 유럽 최강국으로 올려놓았지.
독일을 세계에서 가장 우수한 나라로 만들겠습니다!
와아! 와!

1921년 12월 임경재, 최두선 등이 '조선어 연구회'를 만들었어.
우리말과 글을 연구하고 발전시키세.
조선어 연구회

그들은 연구 발표회를 가지는 한편, 1927년에는 기관지 《한글》을 펴냈지.
오늘부터 가갸날을 한글날로 고쳐 부르자고.

조선어 연구회는 1930년 12월 총회에서 한글 맞춤법 통일안 작성을 결의했어.
우리 손으로 우리말을 정리, 보급해야 합니다.

이때 주시경 쪽의 '한글파'와 박승빈 쪽의 '정음파' 사이에 대립이 있었지.
우리 뜻대로 합시다.
그럴 수는 없소.
한글파
정음파

한글파는 형태주의를 주장했으며, 정음파는 표음주의를 주장했어.
소리 나는 대로 적되 어법에 맞게 씁니다.
소리 나는 대로만 적어야 합니다.
한글파
정음파

된소리에서 한글파는 각자 병서(ㄲ)를, 정음파는 합용 병서(ㅺ)를 주장했지.
웬 고집이 그렇게 셉니까?
그쪽도 만만치 않은걸요.

1929년 한글날을 맞아 108명이 모여 '조선어 사전 편찬회'를 조직했어.
우리말과 글이 정리가 안 되어 있는 게 안타까워요.
사람들을 보아 사선을 펴냅시다.

그리고 그 전 단계로 조선어 연구회가 '한글 맞춤법 통일안'을 결의한 것이지.
임 선생님, 조선어 사전을 펴낸답니다.
우리말 맞춤법을 통일하는 게 우선일세.
조선어 연구회

통일안은 이극로, 이희승, 이병기 등 열두 명이 초안을 만들어 3년 만에 완성했어.
회의를 125번이나 거쳤대.

1931년에는 조선어 연구회의 이름을 '조선어 학회'로 고쳤고, 1949년에는 한글 학회로 고쳤어.
한글 학회라… 잘 어울리네요.
네, 그런 것 같아요.
한글 학회

1933년 조선어 학회는 한글 반포 487돌을 기념해 당시의 한글날인 10월 29일에 한글 맞춤법 통일안을 정식으로 발표했지.
대부분 한글파의 주장이 받아들여졌군.
한글 맞춤법 통일안

* 악기를 연주하고 있는 공화파

* 월계수로 일장기를 가린 손기정

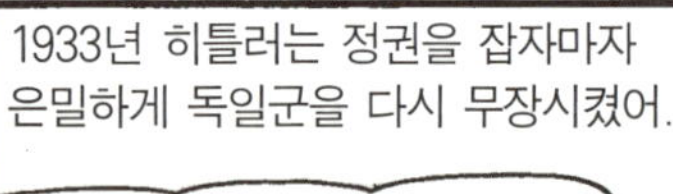

* 라인란트: 제1차 세계 대전 후 프랑스가 독일 라인 강 동서 양쪽에 설치한 비무장 지대

* 손을 잡은 히틀러와 무솔리니

* 난징 성으로 들어가는 일본군

이런 상황을 안 일본은 중일 전쟁을 승리로 이끌고 동남아를 손에 넣으려 했어.

마침내 1940년 9월 독일, 이탈리아, 일본은 삼국 동맹 조약을 맺었지.

중일 전쟁이 일어나자 대한민국 임시 정부는 1940년 항일 군대인 광복군을 창설했어.

* 광복군 청년 공작대

임시 정부는 미주 동포들이 낸 성금으로 중국 충칭에서 광복군 창군식을 가졌지.

병력이 30여 명밖에 안 되는 초라한 출발이었지만 광복군의 사기는 높았어.

임시 정부는 중국에서 독립운동을 하던 단체를 모으기 위해 광복군을 조직했지.

광복군은 지청천, 이범석을 총사령관과 참모장으로 임명했어.

한편 중국은 국민당군의 지휘를 받는 조건으로 광복군 창립을 허락했지.

광복군은 먼저 각지에서 흩어져 활동하던 한인 항일 군사 조직을 모으는 데 모든 힘을 쏟았어.

1941년 광복군은 대일 선전 포고문을 발표해 독립 의지와 대일 항전의 결의를 굳히고 연합군의 일원으로 전쟁에 참가했어.

1943년에는 영국군과 함께 미얀마와 인도 전선에 참가해 큰 공을 세웠지.

1944년 광복군은 미국 전략 정보국과 합동으로 첩보 활동을 펼쳤어.

광복 후 광복군은 개인 자격으로 귀국했고, 뒷날 대한민국 국군의 모체가 되었지.

* 일본의 진주만 공격으로 가라앉은 애리조나호

1938년 일본은 조선어 교육을 없애고 일본어만 쓰도록 강요했어.
오늘부터 조선어는 쓰지 말고 일본어만 써야 한다.

1939년 4월부터는 학교의 국어 과목을 모두 없앴고, 각 신문과 잡지를 폐간했지.
신무사
신문사
폐간
잡지
잡지사

태평양 전쟁이 한창이던 1942년 4월 조선어 학회는 조선어 사전을 편찬 중이었어.
역시 우리말은 아름다워.
가람
한울

그 무렵 함흥의 여학교 학생이 조선말을 하다가 일본 경찰에게 들켜 조사받았어.
왜 금지된 조선말을 썼는가?
전 그냥….
흑흑!

이때 조선어 사전 편찬을 담당하던 정태진이 관련되었다는 게 알려졌지.
어서 가서 정태진을 데려와라!

이에 일본은 조선어 학회를 독립운동 단체로 몰아 관련자를 구속했어.
조선어학회
독립운동을 하다니 모두 나와!

조선어 학회 사건을 일으킨 배경에는 조선인을 완전히 일본에 동화시키려는 일본의 의도가 깔려 있었지.
이 안에 들어가면 황국 신민이 되는 거야.
흥, 그래도 우린 조선 사람인걸.
일본

또한 한글날을 만들고, 《한글》 잡지를 발행하고, 한글 강습소를 운영하던 조선어 학회가 일본에게는 눈엣가시였어.
하여튼 이놈들이 문제야!
가 나 다 라

하지만 5,000년 역사를 가진 민족의 언어를 없애겠다는 발상은 잘못이었지.
일본어는 배우기 싫어요.
암, 조선 사람은 조선말을 배워야지.
일본어

조선어 학회 회원들은 8·15 해방과 함께 감옥에서 풀려났어.
빨리 사전 편찬을 끝냅시다.
얼른 가요.

그 뒤 조선어 사전 원고(카드)는 《우리말 큰사전》으로 완성되었어.
이것 때문에 목숨을 잃을 뻔했지만 보람찬 일이었어.

* 얄타 회담에서의 스탈린

1945년 8월 6일, 미국에서 은밀히 개발해온 원자 폭탄이 일본 히로시마에 떨어졌지.

이어 8월 9일에는 나가사키에 두 번째 원자 폭탄이 떨어졌어.

* 임시 정부 요인들의 귀국 기념 사진

1947년 2월 21일 애틀리 수상이 이끄는 영국 노동당 정부는 미국에 급히 알렸어.
영국이 금융 위기 때문에 그리스를 도울 수 없답니다.

그리고 한 달 후 그리스의 영국군을 철수시키고 경제 원조를 중단한다고 했지.
4만 5,000명의 영국군도 철수시킨답니다.

미국의 트루먼 대통령은 영국군이 철수하면 그리스가 공산화될 것으로 보았어.
아, 공산주의 폭동이 일어난 그리스가 위험할 텐데….

게다가 소련은 터키 해협에 소련군 기지를 설치하게 해달라고 터키에 요구했지.
말로 할 때 들어.
터키

미국의 지원이 없으면 그리스와 터키는 소련의 영향권으로 넘어갈 판이었어.
우리 그늘이 좋아.
그리스
터키
소련

1947년 3월 12일 트루먼은 의회에서 그리스와 터키를 도와야 한다고 연설했지.
존경하는 의원 여러분!
이것이 트루먼 독트린이야.

그래서 미 의회는 그리스와 터키를 원조하기 위해 4억 달러를 책정했어.
이걸로 도와주세요.
의회
4억 $

이것은 미국이 소련에 맞서 유럽과 자유세계를 지키는 책임을 지겠다는 뜻이었지.
난 자유세계를 지키는 정의의 사도다!
USA
USA

이는 2년 전만 해도 동맹국이었던 소련을 적으로 삼는 일대 변화였어.
쳇, 함께 싸울 땐 언제고 태도를 싹 바꾸는 거야!

이후 트루먼 대통령은 재빨리 호전적인 소련에 맞설 자세를 갖췄지.
언제든지 덤벼!

즉 북대서양 조약 기구(NATO)를 창설해 서유럽과 미국의 집단 안보를 튼튼히 했어.
이젠 걱정 없어.
USA
NATO

그리고 적이었던 독일과 일본의 경제를 일으켜 서방 세계 편에 서도록 유도했지.
우리 쪽으로 와.
$

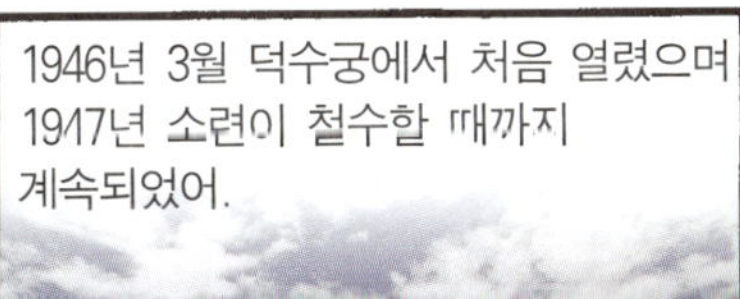

* 미소 공동 위원회 회의가 열렸던 덕수궁 석조전

1948년 3월 서방 국가들이 점령한 독일 지역의 경제 단위를 통합하기로 하자,
서독의 경제를 안정시켜야 하오.
화폐 개혁을 합시다.

이 결정에 대한 항의로 소련은 연합국 관리 위원회에서 탈퇴했지.
이제 너희하고 안 놀아!
서방국가

한편 서독과 마찬가지로 서베를린에도 새로운 독일 마르크화가 도입되었어.
돈을 바꿔 가시오!
서베를린
마르크화

그러자 소련은 베를린과 서독을 잇는 모든 철도, 도로, 수로를 봉쇄했지.
동독의 통화를 위협하다니… 모든 길을 막으시오.

그리고 베를린의 4개국 통치는 끝났으며 연합국은 베를린에 대해 아무 권리가 없다고 선언했어.
쥐새끼 한 마리도 들어올 수 없다.
베를린

미국과 영국은 생활고가 심각해진 베를린 시에 비행기로 식량과 연료를 제공했지.

7월 중순 동독 주둔 소련 점령군은 40개 사단으로 늘어났으나 연합국 주둔군은 8개 사단밖에 되지 않았어.
온통 빨간 깃발이에요.
아무래도 조치를 취해야겠소.

7월 말까지 3개 편대의 미국 전략 폭격기가 영국군을 지원하기 위해 파견되어 긴장이 높아졌으나 전쟁은 일어나지 않았지.
휴, 이제 마음이 놓이네.

공수 작전은 서베를린을 살려주었고, 결국 1949년 5월 12일 소련이 봉쇄를 풀었어.
들어와도 돼요.

그 이유는 연합국이 동유럽권의 모든 전략 수출품을 수입 금지시켰기 때문이었지.
우리도 먹고살아야 하잖아.

하지만 베를린 봉쇄로 베를린은 그 뒤 동서로 나누어졌어.
베를린
서베를린은 '붉은 육지 안의 섬'이 되었대.

* 상정: 토의할 안건을 회의석상에 내어놓음

* 대한민국 제헌 헌법 첫 장

* 중화 인민 공화국 수립을 선포하는 마오쩌둥

1949년 6월 26일 정오, 서울 경교장에서 네 발의 총소리가 울려 퍼졌어.
탕! 탕! 탕! 탕!

육군 소위 안두희가 조국의 독립을 위해 평생을 바친 김구를 쏜 총소리였지.
탕
선생님!

그날 김구는 경교장 2층 거실에서 《중국 시선》을 읽고 있다가 변을 당했어.
차가 없어서 교회에 못 갔는데 한가하게 독서를 즐기니 좋군.

안두희는 급히 달려온 경호원들에게 순순히 붙잡혔지.
선생은 내가 죽였어!

금세 배후가 밝혀질 것으로 예상됐지만 사건은 지금까지도 안갯속에 가려져 있어.
준비된 암살인데 왜 배후를 못 밝힙니까?
그, 그게 저….

김구 암살은 이미 준비되어왔는데 자동차 사고로 꾸며 죽일 계획까지 세웠었지.
자동차 사고로 꾸며서 김구를 죽이게.
네, 알았습니다.

1949년 초 세간에 김구를 암살하려고 한다는 소문이 파다하게 퍼졌어.
자네도 김구 선생님을 죽이려 한다는 소문을 들었나?
들었지.

그럴 때마다 김구는 그런 소문을 대수롭지 않게 여겼지.
선, 선생님을 죽이려 한다는 소문이 돌고 있습니다.
왜놈도 죽이지 못한 나를 설마 동포가 죽이겠는가?

1948년 단독 정부 수립이 겉으로 드러나자 김구는 미 규정과 분단 세력을 비판했어.
3,000만 동포에게 읍소함. 저는….

결국 1948년 이승만의 승리로 남한에만 정부가 세워지자 김구는 참여를 거부했지.
어떻게 반쪽 국가를 세울 수 있는가?
경교장

상하이 임시 정부 주석이었던 김구는 통일 민족 국가 건설을 주장한 민족주의자였어.
완전한 통일 민족 국가를 세워야만 독립의 의미가 있습니다!

김구는 효창 공원에 묻혔으며, 4·19 혁명 후 서울 남산 공원에 동상이 세워졌지.
조국을 위한 선생님의 뜻은 길이 빛날 것입니다.

세계사

1950년 1월 미국 트루먼 대통령은 수소 폭탄을 빨리 개발하라는 특명을 내렸어.
원자력 위원회
수소 폭탄을 빨리 개발하라는 특명이 떨어졌소.

유일한 원폭 보유국이던 미국은 소련이 원폭 실험에 성공하자 위기를 느꼈지.
소련이 원폭 실험에 성공했습니다.
음, 위력이 더 큰 무기 개발을 서둘러야겠소.

1952년 11월 미국은 태평양 마셜 제도 상공에서 수소 폭탄 실험에 성공했어.
펑!
마셜 제도

세계 최초의 수소 폭탄 '마이크'는 직경 1.6킬로미터의 섬을 날릴 정도로 위력이 컸지.
와, 섬 하나가 통째로 날아갔네!

그 위력은 히로시마에 떨어진 원자 폭탄보다 700배나 컸어.
흥, 조그만 게 너도 폭탄이니?
작은 고추가 더 맵지.

9개월 뒤인 1953년 8월 소련도 수소 폭탄 실험에 성공했지.
이제 우리도 수소 폭탄이 있다고!

1954년 미국은 마셜 제도 비키니 섬에서 수소 폭탄 '브라보'를 실험했어.
너희보다 더 강한 수소 폭탄을 개발했지.
좋아하기는 이를걸.
에헴!

네바다 주 원폭 실험장에서 폭발한 원자 폭탄을 모두 합친 것보다 10배나 위력이 컸지.
수소 폭탄
원자폭탄

그 뒤 1961년 소련은 58메가톤급 사상 최대의 수소 폭탄을 선보였어.
사상 최대의 수소 폭탄이 될 겁니다.
하하하! 수고했소.

또한 1957년 영국, 1967년 중국, 1968년 프랑스가 수소 폭탄 실험에 성공했지.
순서대로 서요.

오늘날 인류는 원자 폭탄보다 몇천 배 위력이 큰 수소 폭탄의 초시계 앞에서 살고 있어.
째깍 째깍!
점점 엄청난 폭탄이 개발되니 곧 세계가 파멸할 거야.

수소 폭탄은 몇백 년이나 방사선을 내기 때문에 그만큼 무섭지.
수소 폭탄은 많은 방사선을 내는 특징이 있습니다.

* 북한군이 몰고 내려온 T-34 전차

1953년 3월 5일 소련의 지도자 스탈린이 뇌일혈로 갑자기 죽었어.
스탈린 서기장이 돌아가셨대.
어디, 어디?

스탈린은 성직자를 꿈꿨으나 공산주의 혁명 사상에 눈떠 공산주의 운동가가 되었지.
이 책 안에 내가 바라던 세상이 있군.

1924년 레닌이 죽은 후 정권을 잡은 스탈린은 서기장이 되었고 1953년까지 집권했어.
잘하면 내 자리였는데.
서기장

제2차 세계 대전 때는 연합국 정상 회담에 참석해 독일을 항복시키는 데 큰 역할을 했지.
다음은 어딘가?
포츠담입니다.
테헤란
얄타

스탈린은 소련의 경제 개발 정책을 추진해 중소 경공업을 키워 소련을 공업화했어.
어서 자라서 나라에 보탬이 되어라.
경공업

또한 농업을 집단 농장화했으며, 수입품 억제와 수출 증대 등 수출 장려 정책을 폈지.
집단 농장에서 함께 일하라던데?
심심하지는 않겠네.

실업계 교육, 물리학 등을 지원하며 과학 기술 개발에도 힘을 쏟았어.
마음껏 지원할 테니 열심히 하시오.
과
학
기
술

정치적으로는 세 차례에 걸친 대숙청으로 반대파와 군인, 관료 등을 처형했지.
군인
반대파
관료

스탈린은 집권 전 '선생'으로 불렸으나, 집권 뒤에는 많은 찬양이 따라붙었어.
스탈린 선생이잖아?
어허, 이젠 빛나는 태양이자 위대한 지도자이셔.

한때는 러시아 정교회의 부주교로부터 공공연히 '우리의 아버지'로도 불렸지.
우리의 아버지인 스탈린 서기장이 방문하니까 잘 준비하게.

하지만 스탈린이 죽은 후, 1956년 당 대회에서 흐루쇼프는 스탈린을 비판했지.
스탈린의 흔적을 모두 없애게.

그 후 1991년 소련이 무너지면서 스탈린은 신적 지도자에서 독재자로 떨어졌어.
쯧쯧! 영광도 한순간이야.
쿵!

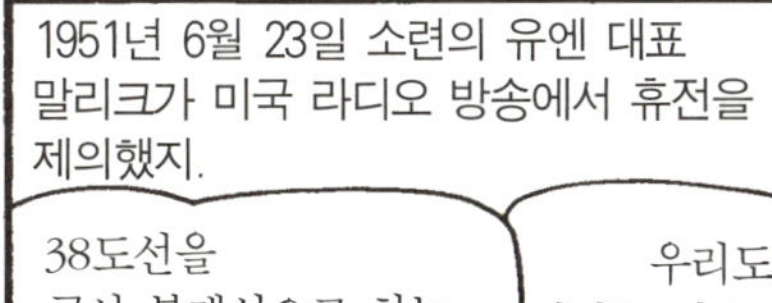

* 거제도 포로수용소 미니어처

1957년 10월 4일 밤, 소련의 모스크바 방송이 긴급 뉴스를 전했어.
인류 최초로 인공위성 스푸트니크 1호를 발사했습니다.

소련으로서는 미소 우주 경쟁에서 앞서게 된 감격적인 순간이었지.
야호! 우리가 우주 시대를 열었어!

그리고 인류에게는 우주 탐사를 향한 대장정의 첫걸음이었어.
우주 탐사
쿵!
인류

스푸트니크호는 야구공 정도의 크기로 전파만을 발사했지만 미국에는 충격이었지.

스푸트니크호는 지구 궤도를 한 바퀴 도는 데 98분밖에 걸리지 않았어.
어쨌든 소련의 과학 기술이 대단해.
휴, 내가 자꾸 한심하다는 생각만 들어.

미국 NBC는 스푸트니크가 쏘는 전파를 받아 텔레비전과 라디오로 생중계했지.
아, 자존심 상해요.
만약 그 쇳덩이가 수소 폭탄이라면… 끔찍해요.

*스푸트니크 1호

소련이 11월에 개를 태운 스푸트니크 2호를 발사했지만 미국은 이듬해 1월, 8킬로그램짜리 익스플로러를 발사하는 데 성공했어.
왜 그렇게 느려?
헉헉!

미국이 1959년 5월 원숭이를 태운 로켓을 발사했을 때는 소련은 이미 달까지 날아간 첫 인공위성 루나 1호를 쏘아 올린 뒤였지.
곧 따라갈 테니 조금만 기다려.

인류 최초의 우주인과 여성 우주인을 하늘로 날려 보낸 것도 소련이었어.
잘 다녀올게요.

소련은 1961년 3월 이전에 여덟 개의 스푸트니크 위성을 발사했지.
하하하!
우주는 소련 위성의 천국이야.

하지만 1969년 암스트롱이 달에 첫발을 내디디면서 미국이 우주 경쟁을 선도했지.
출발은 소련보다 늦어졌지만 도착은 우리가 빨라.

한국사를 알면 세계사가 보인다
세계사·한국사 연표 <하>

세계사	연도	한국사
낭트 칙령	1598년	노량 해전
영국, 동인도 회사 설립(~1858)	1600년	
일본, 에도 막부 성립(~1867)	1603년	
	1610년	허준, 《동의보감》 완성
누르하치, 후금 건국	1616년	
30년 전쟁이 일어남	1618년	
영국의 청교도, 신대륙으로 이주	1620년	
	1623년	인조반정
	1627년	정묘호란
영국, 권리 청원 제출	1628년	
인도, 타지마할 건립(~1653)	1632년	
갈릴레이, 지동설 주장		
후금 태종, 국호를 청으로 바꿈	1636년	병자호란
영국, 청교도 혁명(~1660)	1640년	
베스트팔렌 조약 체결(30년 전쟁이 끝남)	1648년	
	1653년	하멜 일행, 제주도 표착
	1658년	나선 정벌 등 효종의 북벌 정책
	1678년	상평통보 전국에 유통
영국, 명예혁명	1688년	
영국, 권리 장전 제정	1689년	
	1696년	안용복, 울릉도와 독도가 우리 땅임을 일본에 주장
에스파냐 계승 전쟁(~1714)	1701년	
	1708년	대동법 전국적으로 실시
	1712년	백두산정계비 건립
위트레흐트 조약	1713년	

세계	연도	한국
미국, 쿠바 봉쇄	1962년	
	1963년	제3공화국 발족, 박정희 대통령 취임
베트남 전쟁 일어남	1964년	
	1965년	한일 국교 정상화
아폴로 11호 달 착륙	1969년	
	1970년	새마을 운동 시작
미국과 중국, 정상 회담(닉슨 중국 방문)	1972년	7·4 남북 공동 성명
		10월 유신, 제4공화국 수립
동·서독 유엔 동시 가입	1973년	6·23 평화 통일 선언
베트남 공산화	1975년	
	1977년	수출 100억 달러 달성
소련, 아프가니스탄 침공	1979년	10·26 사건, 박정희 대통령 서거
이란·이라크 전쟁｜폴란드 자유 노조 인정	1980년	5·18 민주화 운동
레이건 시대 개막	1981년	제5공화국 출범, 전두환 대통령 취임
	1983년	KAL기 피격 사건
소련, 고르바초프 집권	1985년	
체르노빌 원전 사고	1986년	서울 아시안 게임 개최
	1987년	6월 민주 항쟁
	1988년	제6공화국 출범, 노태우 대통령 취임
		제24회 서울 올림픽 개최
톈안먼 사건｜베를린 장벽 붕괴와 독일 통일	1989년	
동구권의 대변혁과 공산주의의 몰락		
걸프전 일어남	1991년	남북한 유엔 동시 가입
소비에트 연방 해체	1992년	황영조, 바르셀로나 올림픽 마라톤 우승
우루과이 라운드(UR) 타결	1993년	김영삼 정부 수립, 문민정부 출범
세계 무역 기구(WTO) 출범	1995년	무궁화 위성 발사
영국, 중국에 홍콩 반환	1997년	IMF 외환 위기 돌입
아시아 경제 위기｜코소보 사태	1998년	김대중 정부 수립, 국민의 정부 출범
유럽 11개국, 단일 통화 유로화 채택	1999년	
	2000년	남북 정상 회담
미국 9·11 테러 사건	2001년	
	2002년	제17회 월드컵 축구 대회 개최
이라크 전쟁	2003년	노무현 대통령 취임
남아시아 대지진 발생	2004년	
	2007년	태안 기름 유출 사건
	2008년	국보 1호 숭례문 화재 발생
		이명박 대통령 취임
미국의 최초 흑인 대통령 오바마 취임	2009년	

세계	연도	우리나라
러일 전쟁(~1905) 일어남	1904년	한일 의정서 강제 체결
러시아, 피의 일요일	1905년	을사조약 강제 체결
	1906년	통감부 설치, 이토 히로부미 부임
삼국 협상(영국·프랑스·러시아)	1907년	한일 신협약 체결, 군대 해산
	1908년	동양 척식 주식회사 설립
	1909년	안중근, 이토 히로부미 암살
	1910년	한일 병합 조약 조인 공포
신해혁명	1911년	신민회, 105인 사건
발칸 전쟁	1912년	토지 조사 사업
제1차 세계 대전(~1918) 일어남	1914년	대한 광복군 정부 수립
중국, 문학 혁명	1915년	대한 광복회 결성
러시아, 10월 혁명	1917년	
미국 윌슨, 평화 원칙 14개조 발표	1918년	대한 독립 선언서 발표
베르사유 조약	1919년	3·1 운동과 상하이 임시 정부 수립
국제 연맹 창립	1920년	김좌진, 청산리 전투	유관순 옥사
중국 공산당 성립	1921년	
소련 성립	터키 혁명	이탈리아 파시스트 성립	1922년	
	1923년	일본에서 간토(관동) 대지진 일어나 동포 대학살
5·30 사건 일어남	1925년	
	1926년	6·10 만세 운동 시작
중국, 난징에 국민 정부 수립	1927년	신간회 창립
파리 조약 조인	1928년	
뉴욕의 주가 대폭락, 세계 대공황 시작	1929년	광주 학생 항일 운동
인도의 간디, 소금 행진	1930년	
만주 사변 일어남	1931년	
	1932년	이봉창·윤봉길 의거
히틀러, 독일 총리 취임(독일 나치 정권 수립)	1933년	조선어 학회, 한글 맞춤법 통일안 발표
에스파냐 내란	1936년	손기정, 베를린 올림픽에서 마라톤 우승
제2차 세계 대전 시작	1939년	일본 징용령 실시, 창씨개명
독·일·이 삼국 동맹	1940년	대한민국 임시 정부, 광복군 창설
태평양 전쟁(~1945) 일어남	1941년	
	1942년	조선어 학회 사건
제2차 세계 대전 종전과 국제 연합(UN) 성립	1945년	8·15 광복
	1946년	미소 공동 위원회 개최
미국 대통령 트루먼, 트루먼 독트린 선언	1947년	
소련의 베를린 봉쇄	1948년	대한민국 정부 수립
중화 인민 공화국 성립(주석 마오쩌둥)	1949년	김구 피살
	1950년	6·25 전쟁 일어남
미국, 수소 폭탄 실험 성공 발표	1952년	
스탈린 사망	1953년	휴전 협정 조인
소련, 세계 최초의 인공위성 스푸트니크호 발사	1957년	
베트남 민족 해방 전선 결성	1960년	4·19 혁명, 제2공화국 수립
	1961년	5·16 군사 정변

김영사

한국사를 알면
세계사가 보인다
상권·하권 특별부록

세계	연도	한국
	1725년	탕평책 실시
	1750년	균역법 실시
미국, 독립 선언	1776년	규장각 설치
	1781년	정조, 개혁 정치 시작
	1784년	천주교 전도
	1786년	서학 금지
프랑스, 대혁명 시작	1789년	
와트의 증기 기관 완성	1790년	
	1801년	신유박해
나폴레옹 1세 즉위(~1814)	1804년	
	1811년	홍경래의 난(평안도 농민 전쟁)
	1818년	정약용, 《목민심서》 저술
	1839년	기해박해
아편 전쟁 발발	1840년	
	1846년	김대건 순교
마르크스, 공산당 선언 발표	1848년	
	1851년	안동 김씨, 세도 정치 재개
인도, 세포이 항쟁(~1860)	1857년	
다윈, 《종의 기원》 출간	1859년	
	1860년	최제우, 동학 창시
이탈리아 왕국 성립	1861년	김정호, 대동여지도 제작
남북 전쟁, 링컨 노예 해방 선언	1863년	고종 즉위, 흥선 대원군 정권 장악
	1866년	제너럴셔먼호 사건
일본, 메이지 유신	1868년	
독일 제국 재건(독일 통일)	1871년	신미양요
프랑스 제3공화정 성립		
	1875년	운요호 사건
	1876년	강화도 조약(병자수호조약) 체결
러시아·튀르크 전쟁(~1878)	1877년	
베를린 회의	1878년	
	1879년	지석영, 종두법 전래
	1881년	조사 시찰단 파견, 영선사 파견
삼국 동맹(독일·오스트리아·이탈리아) 성립	1882년	임오군란
청프 전쟁 일어남	1884년	갑신정변
	1885년	광혜원 설립
청일 전쟁(~1895)	1894년	동학 농민 운동
	1895년	을미사변과 단발령 선포
제1회 올림픽 대회	1896년	서재필, 《독립신문》 창간, 독립 협회 설립
	1897년	대한 제국 성립
중국, 무술정변	1898년	
보어 전쟁	1899년	경인선 철도 개통
중국, 의화단 운동(~1901)	1900년	
노벨상 제정	1901년	

이승만 정권은 종신 집권을 위해 언론과 사회를 갖가지 방법으로 탄압했어.
난 죽을 때까지 대통령 할 거야.
언론
사회

1960년 2월 민주당 대통령 후보 조병옥이 갑자기 병으로 죽었지.
각하, 조병옥 박사가 돌아가셨습니다.
허허, 또 후보가 나 혼자구먼.

그러자 자유당은 부통령에 이기붕을 당선시키기 위해 3·15 부정 선거에 힘을 쏟았어.
온갖 방법을 다 써서라도 선거에 꼭 이겨야 하오.
자유당

3월 15일 마산에서 시위가 벌어졌고, 경찰의 무자비한 진압에 시민들이 분노했지.
선거 다시 해라!

결국 정부는 내무부 장관을 홍진기로 교체해 사태를 무마하려 했어.
어서 사태를 수습하시오.

그러나 4월 11일, 마산 상고 학생 김주열의 시체가 바다에서 발견되었지.
시위 때 행방불명이 되었던 김주열 학생의 시체가 바다에 떠올랐대.
눈에 최루탄이 박혀 있었다는군.

그러자 시위가 전국으로 퍼졌고, 1960년 4월 19일 대학생뿐만 아니라 중·고등학교 학생까지 시위를 벌였어.
대통령은 빨리 나와 답변을 하라!
김주열 학생을 죽인 자들을 처벌하라!

그때 경찰이 곳곳에서 시위대에게 총을 쏴 수십 명의 학생이 죽고 수백 명이 부상을 당하자 정부는 계엄령을 선포했지.
도망가라!
탕탕탕

4월 23일 장면 부통령이 사임했고, 4월 25일에는 대학 교수들까지 시위를 했어.
학생들을 더 이상 다치게 하지 말라!

마침내 이승만은 4월 26일 라디오 연설로 대통령 자리에서 물러나겠다고 발표했지.
국민이 원한다면 대통령을 그만두겠습니다.
학생들의 희생으로 얻은 승리야.

그 후 윤보선 대통령, 장면 국무총리의 제2공화국이 들어섰어.
대한민국 역사상 유일의 의원 내각제였어.

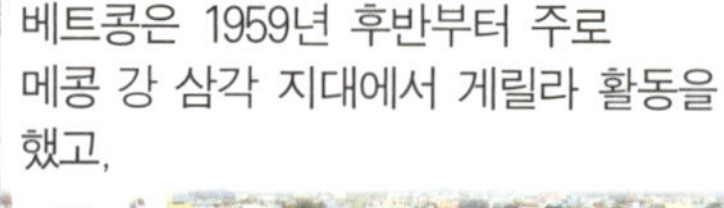

* 오늘날의 메콩 강 삼각 지대

김종필 중령과 장교들은 부정 선거가 일어나자 박정희 소장을 추대해 쿠데타를 일으키기로 했는데 4·19 혁명 때문에 미루었어.
4·19 혁명이 일어났는데 계획대로 쿠데타를 일으켜야 하나?
내세울 구실이 없네.
음, 잠시 미루세.

그 뒤 그들은 5·12 쿠데타 계획을 추진했는데 비밀이 새어 나가 연기했다가 5월 16일을 거사일로 정하고 행동을 개시했지.
꽈당!
김 중령, 쿠데타 주모자 체포 명령이 떨어졌네.
더 이상 미루지 말고 5월 16일에 행동하세.

마침내 1961년 5월 16일 새벽, 박정희 소장이 군사 정변을 일으켰어.
썩은 나라를 바로잡자!

쿠데타군은 한강 다리를 막는 헌병을 무찌르고 서울로 들어갔지.
콩!

이어서 언론사를 장악한 쿠데타군은 오전 5시 방송을 통해 혁명 공약을 발표했어.
혁명군은 전국에 비상계엄을 선포한다.

군사 혁명 위원회 의장은 육군 참모 총장 장도영 중장, 부의장은 박정희 소장이 맡았지.
의장을 맡아주시지요.
주도는 박 장군이 했는데 쑥스럽군.

사흘 뒤인 5월 19일에는 군사 혁명 위원회를 국가재건 최고회의로 이름을 바꿨어.
국가재건 최고회의
저 이름대로 나라를 재건해야 해.

하지만 쿠데타 세력은 '민정 이양과 군 복귀'라는 혁명 공약을 실천하지 않았지.
이제 부대로 돌아가세.
아직은 이릅니다.

결국 민정 이양을 주장하던 장도영 의장이 해임되고 박정희 소장이 의장에 취임했어.
이제야 주인을 찾았군.
의장

이후 장도영 의장은 뜻을 함께하던 44명과 체포돼 감옥에 갇혔지.
반혁명을 꾀했다는 죄였지.

이로써 장도영 세력이 제거되고 박정희 의장이 전권을 장악했어.
의장님께 경례!
충성!
음

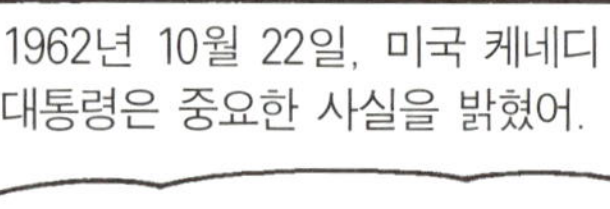

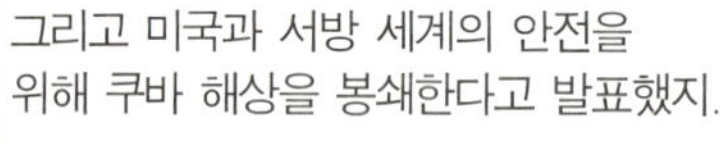

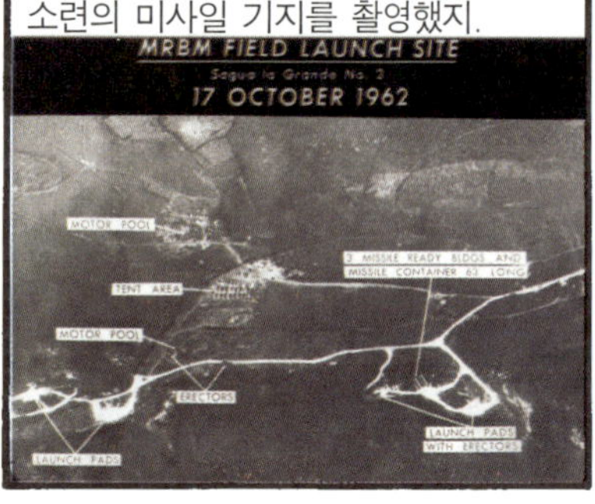

* 쿠바의 미사일 기지 항공 사진

* 고속 국도 1호선인 경부 고속 도로

베트남 민족 해방 전선이 남부 베트남의 대부분을 점령하자, 미국은 남부 베트남의 주둔 병력을 늘렸어.
베트남이 사회주의 국가가 되는 것을 두고 볼 수는 없어.

동시에 미국은 북부 베트남을 침공하기 위해 1964년 8월 4일 통킹 만 사건을 만들어냈지.
공해를 순찰하던 우리 구축함이 북부 베트남 어뢰정의 공격을 받았답니다.
받은 만큼 갚아주시오!

미국은 통킹 만 사건을 구실로 의회의 인준을 받아 베트남 전쟁을 준비했어.
미국은 자존심에 상처를 입었어요!
본때를 보여줍시다!

하지만 미국의 구축함 선장은 어뢰정을 확인하지 못했다고 증언했지.
난 어뢰정을 보지 못했어요.
어떻게 된 거야?

게다가 통킹 만 사건 전날 미군이 북부 베트남을 폭격한 사실이 밝혀졌어.
쯧쯧, 미국의 도덕성에 커다란 오점을 남겼어.

베트남에 미군이 상륙하기 시작했고 북부 베트남군은 남쪽으로 내려갔지.

* 베트남에 상륙하는 미군

베트콩의 평화 통일 선전은 계속되었는데 가족끼리도 이념이 달라 서로 싸우기도 했어.
조국의 독립과 통일을 위해 함께 싸우자.
형, 난 싫어.

베트콩 등 공산주의자들은 남부 베트남군과 연합군을 피해 게릴라전을 벌였지.
탕탕 탕!
도대체 어디 있는 거야?
앗, 적이다!

베트콩은 밀림의 원주민이 살고 있는 동굴이나 초막 등에 숨기도 했어.
여긴 없어요.
한편이니 믿을 수가 있어야지.

미군은 밀림에 숨어 있는 게릴라를 찾아내기 위해 고엽제와 제초제를 뿌렸지.
풀이 없어지면 모습이 드러나겠지.

이에 맞서 북부 베트남군은 계속된 게릴라전으로 미군에 맞서 싸웠어.
소리 나지 않게 조심해.

한국과 일본은 1951년 이후 다섯 차례 회담을 가졌으나 서로 의견이 엇갈렸어.
좋은 결과를 바랍니다.

일본은 개인 배상을 하겠다고 했지만 한국은 국가에 대한 배상을 요구했지.
일본은 반성의 기미가 안 보여.

박정희 정권이 들어서자 이케다 일본 총리는 한국의 새 정부를 지지한다고 했어.
일본은 한국의 새 정부를 환영합니다.

일본을 방문한 1961년 11월 박정희는 22일 이케다를 만나 협조를 구했지.
맨주먹으로 황폐한 조국을 일으키려니 힘들군요.
힘껏 돕겠습니다.

1962년에는 중앙정보부장 김종필이 외무 장관 오히라를 만나 협상 내용을 합의했어.
협상 내용은 '김·오히라 메모'로 불려.

이후 1962년 케네디와 요시다 회담, 1963년 존슨과 박정희의 회담이 열렸지.
한일 외교 관계 정리

1964년 미국의 러스크 국무 장관이 한국을 방문해 성명을 발표했어.
일본과 한국의 빠른 수교를 지지합니다.

1964년 3월 각계의 사람들이 한일 협상을 반대했고 학생들이 시위를 하기 시작했지.
종로 예식장
한일 회담은 한일 합병이나 마찬가지입니다!

학생 시위는 6월 3일 절정을 이루어 6·3 시위가 일어났어.
굴욕적인 한일 회담을 반대한다!

박정희 정권은 비상계엄을 선포해 반대 목소리를 억누르고 회담을 계속했지.
학생은 공부나 열심히 해!

1965년 6월 22일 한일 기본 조약이 조인되었고, 8월 14일 여당만 모여 동의했어.
이로써 조약이 비준되었습니다!
탕탕탕

그 뒤 박정희 정부는 그 대가로 일본으로부터 차관을 받기도 했지.
또 필요하면 말하세요.

* 아폴로 11호 승무원(왼쪽부터 암스트롱, 콜린스, 올드린)

새마을 운동은 1970년 4월 22일 전국 지방 장관 회의에서 박정희 대통령의 특별 지시로 시작되었어.
근면, 자조, 협동의 정신으로 더 나은 내일의 새마을을 만드세요.

이 운동은 한마디로 잘살기 운동으로 가난에서 벗어나 도시가 부럽지 않은 문화적인 생활을 누리자는 것이었지.
이장님, 이런다고 살기 좋아질까요?
가난은 숙명이라는 체념은 버리게.
맞아요, 한번 사람답게 살아봐야지요.

1971년 새마을 운동으로 이름 지었고 1973년부터 전 국민 운동으로 퍼뜨렸어.
내가 잘살면 동네가 잘살고, 나라가 잘살게 됩니다!

1975년에는 새마을 운동이 도시와 공장으로도 퍼져나갔지.
공장에 웬 새마을 운동?
열심히 일해 새롭게 만들자는 이야기지.
새마을 운동

박정희 대통령은 각 지방을 돌며 새마을 운동을 직접 관리, 감독했어.
초가지붕을 모두 기와로 바꿨습니다.
보기 좋군요.

1972년 4월 21일에는 〈새마을 노래〉를 직접 작사, 작곡했지
새벽종이 울렸네~ 새 아침이 밝았네~.

새마을 운동은 뒤떨어져 있던 농업 경쟁력을 짧은 시간에 향상시켰어.
와, 옛날 농촌이 아니야!

또 시민 스스로 참여하게 해 공동체 의식과 자신감을 회복시킬 수 있었지.
이장님, 지붕 개량하러 갑시다!
하하하, 나가네.

새마을 운동은 1970년대 경제 발전을 정신적으로 뒷받침해주었다고 할 수 있어.
부릉부릉!!
경제 발전

유엔은 새마을 운동을 아프리카 빈곤 퇴치 모델로 삼을 만큼 관심을 보였지.
이걸 참조해 빈곤 퇴치 프로그램을 짜보세요.
새마을 운동

새마을 운동을 배우려는 후진국 지도자들의 발길이 끊이지 않아.
새마을 운동은 74개국에 수출됐어.

* 중국을 방문한 닉슨 대통령

7·4 남북 공동 성명은 1972년 7월 4일 남한과 북한이 국토 분단 이후 최초로 통일과 관련하여 합의, 발표한 공동 성명이야.
곧 통일되는 것 아니에요?
그럼 얼마나 좋겠니?

1972년 박정희의 지시로 이후락이 북한에 파견되어 김일성과 만나 자주, 평화, 민족 대단결의 3대 통일 원칙을 세웠지.
같은 민족끼리 잘해봅시다.

그 무렵 남한은 전태일 분신 사건 등으로 정치적 위기를 맞고 있었어.
근로 기준법을 지켜라!
사람답게 살고 싶다!

그리고 북한은 남한의 모든 정당, 사회단체와 접촉할 뜻이 있다고 했지.
아무 때나 조건 없이 만납시다!

당시 미국과 중국도 상하이 공동 성명을 발표해 화해 분위기였어.
사이좋은 친구~.

이런 대외적 상황을 배경으로 북한은 남북 회담을 열자는 뜻을 남한에 알렸고,
북남의 문제는 만나서 대화로 풀어야 합니다.

남한이 호응함으로써 1971년 9월 20일 남북 적십자 회담이 열렸어.
남북 적십자 회담

이후 여러 회담이 진행되면서 공동 성명을 발표하기에 이르렀지.
바쁘다, 바빠!
북한
남한

이때 남한과 북한은 조국 통일 원칙에 합의했어.
통일되어서 철조망이 없어졌으면….
그런 날이 오겠지.

7·4 남북 공동 성명에서 남한과 북한이 합의한 주요 내용은 다음과 같아.
통일은 자주적, 평화적으로 실현해야 한다.
7·4 남북 공동 성명

이 성명은 남북이 통일을 위해 노력한다는 최초의 합의라는 점에 의의가 있어.
조국통일

* 슈토프 동독 총리를 만난 브란트(왼쪽)

한국사

1969년 3선 개헌을 통해 박정희는 또 대통령에 출마할 수 있게 되었어.
각하, 3선 개헌이 국민 투표로 확정되었습니다.
잘됐군.

결국 1971년 대선에서 김대중을 누르고 대통령에 세 번째로 당선되었지.
여러분, 박정희 후보는 총통이 되려 합니다!

1972년 10월 17일 박정희는 대통령 특별 선언을 발표했어.
평화 통일을 위해 정치 체제를 개혁한다.

그리고 비상계엄을 선포해 국회를 해산하고 일체의 정치 활동을 금지했지.
국회가 해산되었으니 국회 의원들은 돌아가시오!

또한 계엄 사령부는 정치 관련 집회와 시위를 모두 금지했어.
쳇, 공산 국가도 아니고…!
쉿! 끌려가고 싶어?
계엄 포고문

언론·출판·보도·방송은 사전 검열을 받게 했고, 대학은 당분간 휴교시켰지.
휴! 공부하고 싶은데….
휴
휴교

국회의 권한을 대행한 비상 국무 회의는 유신 헌법을 의결, 공고했어.
낡은 제도를 새롭게 고치는 헌법이라….
뜻이 좋네요.
비상 국무 회의

유신 헌법은 대통령이 국회 의원의 3분의 1과 모든 법관을 임명하게 했지.
대통령도 임기 6년에 두 번 할 수 있다면서요?
그러니 줄 질 시아 해요.
청와대

또 통일주체 국민회의가 대통령을 뽑음으로써 3권이 대통령에게 집중되었어.
절대적 대통령제야.
행정
입법
사법

1972년 11월 21일 실시된 국민 투표에서 유신 헌법이 확정되었지.
호외요, 호외!
압도적인 찬성이군.

이어 12월에는 통일주체 국민회의 선거와 대통령 선거가 실시되었어.
찬성하는 의원은 손드세요.

마침내 박정희가 다시 당선되어 유신 체제의 제4공화국이 출범했지.
민주주의 암흑기인 겨울 공화국이 찾아왔어.
당선 사례

1973년 1월 미국, 북베트남, 남베트남 사이에 파리 평화 협정이 맺어졌어.
베트남 전쟁 종결과 평화 회복을 위해 건배!

그해 키신저 미 국무 장관과 북베트남의 레득토는 노벨 평화상 수상자로 뽑혔지.
장관님, 노벨상을 받게 되었습니다.

레득토는 베트남의 평화가 실현되지 않았다는 이유로 수상을 거부했어.
아직 베트남에 평화가 오지 않아서 상을 못 받겠소.

그리고 평화 협정을 맺고 미군이 철수하자마자 베트남은 공산화되었지.
평화 협정은 사기요?
내가 말한 평화는 공산화였소.

평화 협정에는 미국, 남베트남, 북베트남, 베트콩 등이 서명했어.
미군이 폭격하지 않겠지.

키신저는 평화 협정 보장을 위해 북베트남에 40억 달러의 원조까지 제공했지.
북베트남의 경제를 일으키는 데 쓰시오.
40억 달러

그리고 휴전 감시 위원단에 캐나다, 이란, 헝가리, 폴란드를 참여시켜 하노이와 사이공, 휴전선을 감시하게 했어.
왜 이렇게 많아요?
그래야 평화 협정을 확실하게 보장받지요.

한편 북베트남의 하반라우 외무 차관과 150명의 고문단을 남베트남의 수도인 사이공에 머물게 했지.
흥, 우리를 인질로 잡겠다는 생각이군.
사이공
흥!

그래도 믿지 못한 미국은 영국, 프랑스, 소련, 중국까지 서명하게 했어.
12개국이 보증한 값비싼 문서야.
파리 휴전 협정

그리고 휴전 협정을 깨면, 남베트남군을 지원하기로 약속했지.
뒤에 우리가 있다는 걸 잊지 말게.
잘가!!

하지만 1975년 4월 30일 북베트남과 베트콩 연합군은 사이공을 함락시켰어.

* 호치민 시(사이공) 거리

1973년 6월 23일 박정희 대통령은 6·23 평화 통일 선언을 발표했어.
앞으로 남한과 북한은 서로 내정 간섭을 하지 맙시다.

7개 항으로 이루어진 선언으로 남북한 유엔 동시 가입을 명시했어.
모든 국가에게 문호를 개방하겠소.

6·23 선언은 남한 정부의 적극적인 평화 통일 의지를 나타낸 것이었어.
북한을 적으로 여기지 않겠다는 건데… 글쎄?

하지만 북한은 이 선언을 분단을 영구화시키는 것이라고 비난했지.
남조선의 선언은 역사의 심판을 받을 것이다.

북한은 또 6·23 선언은 7·4 남북 공동 성명의 통일 원칙에서 벗어난다고 주장했어.
또한 자주, 평화, 대단결의 통일 원칙을 위배했다.

그리고 북한은 이것을 구실로 삼아 이후 모든 남북 대화를 중단했지.
대화 중단의 책임은 남조선에 있음을 밝힌다.

한국의 북방 정책은 북한을 포함한 모든 공산 국가와의 관계 개선을 통해 통일 기반을 쌓으려는 외교 정책이었어.
북한과 잘 지내게 도와줘.
알았어.
우리끼리도 잘 지내지.

그리고 1980년대 중반에 이르기까지 민족 화합과 민주 통일의 기반을 만드는 데 중점을 두었지.
깃발을 같이 들게 이리 와.

특히 공산권 외에 접근하는 데 외교 정책의 모든 힘을 쏟았어.
장관, 저리로 가는 길을 잘 닦으시오.
중국
소련

또 안으로는 정치, 경제, 문화 모든 면에서 북한보다 우위에 서려 했지.
왜 이렇게 커?
그래야 안 덤비지.

그래서 강대국들의 지원과 호응, 북한의 개방과 변화를 이끌어내려고 노력해왔어.
남한과 싸우지 마.

* 아프가니스탄에서 철수하는 소련군

1973년 12월 3일 개각 후 신임 각료들을 위한 다과회가 열렸어.
장관이 처음이지요?
잘 부탁합니다.

그 자리에서 박정희 대통령은 장예준 신임 상공부 장관에게 신신당부했지.
상공부 장관, 임자는 100억 불을 수출해야 해!

그 무렵 원유 수출이 중단되는 등 한국을 둘러싼 환경이 좋지 않았어.
이스라엘을 지원하면 원유를 주지 않는대.
중동 전쟁 때문이야.

게다가 석유 수출국 기구는 원유 가격을 대폭 올렸지.
아, 추워!
후잉

또 보호 무역이 강화되면서 선진국과 개발 도상국 사이에 갈등이 커졌어.
수입 금지야.
비켜! 먹고 살아야 해.

그해 한국의 수출 실적은 32억 2,500만 달러 정도였으니 100억 달러는 무리였지.
휴~
경제 사정이 안 좋은데 100억 달러라….

하지만 한국은 1977년 12월 22일 마침내 수출 100억 달러 고지에 올라섰어.
목표를 4년이나 앞당겼지.
만세 만세!
수출 100억 달러

서독이 11년, 일본이 16년 걸린 데 비해 한국은 7년 만에 돌파를 했지.
참 느리네.

철강, 전자, 선박 등 중화학 제품 수출이 100억 달러 돌파에 크게 이바지했어.
수출품이 점점 늘어나네.

중동의 건설 경기 성황으로 해외 건설 주문이 늘어난 것도 영향을 미쳤지.
돈 많이 벌어올게.
더운 곳이니까 건강 조심하세요.

1977년 12월 22일 장충체육관에서 제14회 수출의 날 기념식이 열렸어.
제14회 수출의 날

그 자리에서 박 대통령은 떨리는 목소리로 감격을 표현했지.
국민 여러분, 드디어 수출 100억 불을 돌파했습니다.

이란과 이라크는 대부분의 국민이 이슬람교도이나 이란은 80퍼센트 이상이 시아파야.

* 메카에 모인 이슬람교도

이라크는 시아파와 수니파로 나뉘어 있고 수니파가 수가 많은 시아파를 지배했지.
무함마드의 혈통인 시아파를 무시하다니….

이란 혁명으로 시아파가 정권을 잡자 이런 종교적 갈등이 불거졌어.
너흰 이라크에 오면 힘도 못 써!
시아파 괴롭히지 마!
수니파
시아파

결국 1980년 9월 22일 이라크군이 이란을 침공하면서 이란·이라크 전쟁이 일어났지.
이란의 시아파를 쓸어버리자!

두 나라가 1975년에 맺은 국경 협정을 이란이 깨뜨린 것이 전쟁 원인이었어.
어딜 넘어와!
이라크
이란

샤트알아랍 수로와 호르무즈 해협 세 섬의 지배권을 이라크가 갖는다는 협정이었지.
우리가 이곳을 다스릴 테니 신경 꺼!
이라크

1979년 이란은 혁명에 성공하자 국경 협정을 깨뜨리는 군사 행동을 했어.
빨리 잘라!

하지만 1980년에는 이라크가 혁명 후유증을 겪고 있는 이란을 공격했지.
이때다, 공격하라!
이라크

두 나라는 서로 석유 산지를 집중 공격해 많은 석유 시설이 파괴됐어.

그 뒤 이라크의 후세인이 휴전 제안을 했지만 이란의 호메이니가 거부했지.
우리의 힘을 봤을 테니 그만 싸웁시다.
우린 끝까지 싸우겠소.

전쟁 초 계속 이기던 이라크군도 강한 이란군의 저항에 전쟁을 끝내지 못했어.
생각했던 것보다 세네.

결국 1988년 8월 22일 이란이 유엔의 결의안을 받아들여 전쟁이 끝났지.
이제 그만 싸우세요.
그럴까요?
사실 힘이 다 빠졌어.

오른쪽 팔목에 총을 맞은 차지철은 피를 흘리며 급히 화장실로 달아났지.

그리고 김재규는 호통을 치는 박정희 대통령에게 두 번째 총알을 발사했어.

그리고 심 양과 신 양의 부축을 받고 있던 박 대통령에게 다가가 머리에 총을 쐈어.

하지만 뒤에 도착한 김계원이 김재규가 범인이라고 정 총장에게 말했지.

폴란드 자유 노조는 1980년 8월 레닌 조선소에서 바웬사가 노동조합을 이끌고 대정부 투쟁에 나서면서 시작됐어.

그들은 옛 공산 국가 노조의 특징이었던 정부에 속한 노조가 아닌, 자주적인 노동조합을 주장했지.

1981년 9월 자유 노조의 첫 국회에서 바웬사는 대통령으로 선출되었어.

폴란드 정부는 1981년 계엄령을 선포해 자유 노조를 무너뜨리려 했어.

하지만 민주화 운동이 이어졌고, 결국 1989년 원탁회의를 통해 총선이 벌어졌어.

1989년 8월 말에는 자유 노조가 이끄는 연합 정부가 만들어졌어.

1990년 12월에는 바웬사가 대통령, 마조비에츠키가 수상에 당선되었지.

자유 노조는 공산 국가에 자리 잡은 첫 비공산주의 노동조합이었어.

자유 노조가 살아남은 것은 폴란드뿐 아니라 소비에트 블록 국가들을 놀라게 했지.

자유 노조의 영향은 소비에트 블록 국가들 사이에 퍼져나갔어.

그리고 중앙 유럽과 동유럽에서 민주화 운동의 불씨가 되었지.

한국사

박정희 대통령이 죽은 후 전두환 등의 신군부는 최규하 정부를 유명무실하게 만들었어.
쯧쯧, 권위가 없어.

그리고 정승화 계엄 사령관을 체포하는 12·12 사태를 일으켜 군부를 장악했지.
날 왜 끌고 가?
대통령 암살 사건의 용의자입니다.

그러자 1980년 5월 15일 서울역 앞에서 시위가 벌어졌어.
군사 독재 중지하라!
계엄을 철폐하라!

1980년 5월 17일 신군부는 계엄령을 전국으로 확대하고 민주 세력을 탄압했지.
학생 지도자와 정치인을 잡아들여!

5월 18일 전남대 학생들은 휴교 중인 학교에 들어가려다 계엄군과 대치했어.
계엄군은 물러가라!

계엄군은 이를 폭력으로 진압했고, 분노한 시민들이 시위에 가담했지.
계엄령을 철폐하라!
전두환은 물러가라!

5월 19일 시위대가 불어나자 계엄군은 장갑차와 칼을 꽂은 총으로 진압했어.
시위를 진압해라!

5월 20일 20만 명의 시민이 도청을 장악했고, 계엄군은 시민에게 총을 쐈지.
탕 탕 탕

5월 21일 계엄군이 쏜 총에 수십여 명이 죽자 시민들은 소총을 빼앗아 무장했어.
우리 손으로 광주를 지키세.
북조선

다음 날 계엄군을 몰아낸 시민들은 5·18 수습 대책 위원회를 만들어 사태를 수습하려 했지.
더 이상의 희생은 막아야 합니다.
계엄군에 협상을 제의합시다.
수습 대책 위원회

하지만 협상을 거부한 계엄군이 5월 27일 대대적으로 공격해 5·18 민주화 운동은 많은 희생자를 낸 채 막을 내렸어.
민주화를 위해 몸 바친 숭고한 뜻을 잊지 않겠습니다.

레이건은 50여 편의 영화에 출연한 영화배우였으나 주목을 받지 못했어.
이름을 날리고 싶었는데….
HOLLYWO

그 후 영화배우를 그만두고 정계에 입문해 1962년 공화당에 들어갔지.
여러분 곁에는 공화당이 있다는 걸 기억하세요!
공화당

1966년 캘리포니아 주지사로 당선되어 주의 재정을 적자에서 흑자로 바꾸었어.
주지사님 덕분에 살 만해요.
주지사님, 최고예요.

1976년 공화당 대통령 후보 지명 대회에서 당시 대통령 포드에게 졌지.
축하합니다.

하지만 1980년 다시 후보로 지명되어 민주당의 카터를 누르고 당선되었어.
경제를 살리는 대통령이 되겠습니다.

레이건 시대를 연 그는 1981년 8월에 항공 관제사 노조 파업에 강력히 맞섰지.
당신은 해고요!
파업
파

레이건은 1984년 대통령 선거에서도 민주당 후보 먼데일을 큰 표 차로 이겼어.
난 보수적이고 강경한 당신이 마음에 들어요.

1987년 12월 러시아의 고르바초프와 중거리 핵전력 폐기 조약을 맺었지.
이제 냉전은 끝났습니다.

1988년 대선에서는 부통령이었던 부시를 도와 공화당 재집권에 성공했어.
꼭 잡아요..
대통령

레이건은 미국 보수주의 진영에서 나온 최초의 대통령이었지.
진정한 우리의 지도자입니다.
보수주의
보수주의

미국 역대 대통령 중 가장 많은 나이인 70세에 취임한 대통령이었어.
이혼 경력이 있는 최초의 대통령이기도 해.

또 '미국인이 가장 좋아하는 대통령'에 루즈벨트와 케네디 다음으로 뽑혔지.
대통령 인기투표
1위
2위
3위
갤럽 여론 조사

1980년 5월 31일 시국을 수습한다는 명목으로 신군부가 주도해 국가보위 비상대책 위원회(국보위)가 만들어졌어.
제가 상임 위원장을 맡을 테니 각하는 저기 앉으시지요.
위원장

국보위는 고위 공무원 232명을 정리했고, 불량배를 뿌리 뽑는다며 3만여 명을 삼청교육대에 수용했어.
너희는 여기서 나가는 순간 새 사람이 된다!
삼청교육대

8월 8일에는 AP 통신이 미8군 사령관 위컴이 전두환을 지지한다고 보도했지.
AP 통신에서 나온 보도야.
전두환 장군이 합법적으로 대통령이 된다면 지지한다고…

8월 16일 최규하 대통령은 대통령 자리에서 물러난다고 발표했어.
결국 대통령이 물러나는군.
이제 전두환 장군이 최고 권력자야.

전두환은 유신 헌법에 의해 9월 1일 제11대 대통령에 취임했지.
본인은 대통령으로서…

그리고 9월 11일 김대중에게 내란 음모죄 등으로 사형을 선고했어.
사형을 선고한다.
탕!
탕! 탕!

9월 29일에는 국보위 주도로 마련된 헌법 개정안을 공고했지.
대통령을 간접 선거로 뽑는 건 여전해.
임기는 7년 단임이군.

국민은 제5공화국 헌법에 높은 찬성률을 보였어.
91퍼센트가 넘어?
유신보단 7년 단임이 낫지.
오~!

새 헌법이 공포되던 10월 27일, 계엄군은 전국 사찰에서 승려들을 연행, 폭행했지.
조사할 게 있으니 모두 나오시오!

11월 하순에는 전국의 신문·방송· 통신사 45개를 없애는 언론 통폐합을 했어.
TBC가 아닌 KBS로 출근해야 하는군.
KBS

마침내 1981년 3월 3일 전두환이 제12대 대통령이 되면서 제5공화국이 출범했지.

세계사

1985년 3월 11일, 고르바초프가
소련 공산당 서기장으로 뽑혔어.
서기장 각하,
축하드립니다.
고맙소.

정치국 핵심 구성원 가운데 비교적 젊은
고르바초프가 최고 권력자가 되었지.
서기장이 나보다
열 살이나 적어.
그래도 잘
모셔야지.

1990년 3월 고르바초프는 인민
대표 회의에서 대통령으로
추대되었어.
내 뜻을 마음껏
펼칠 수 있겠군.

이후 고르바초프는
개혁(페레스트로이카)과
개방(글라스노스트)을 추진했지.
개혁
개방

시장 경제를 받아들이고 모스크바에
최초의 시장을 세웠어.
골라, 골라!
마음대로 살 수
있으니 좋군.

언론의 자유가 허용돼 자본주의 국가
영화가 텔레비전에 방영되기도 했지.
여자들이 벗고
나와. 망측해라!
흠! 뭐,
괜찮은데.

그뿐만 아니라 고르바초프는 교회의
종교 활동을 허용했어.
드디어 교회에
봄이 왔습니다.

하지만 이러한 갑작스러운 개혁은
사회적 혼란을 불러일으켰지.
어, 어… 사람 살려!
개혁

그래서 1991년 8월 보수파가
쿠데타를 일으켜 구체제로 돌아가려
했어.
고르바초프를
쫓아내자!

그러나 쿠데타는 옐친 등 급진
개혁파와 민중의 저항으로 3일 만에
실패했지.
변화에 적응해야지.
반동분자는
물러가라!

그 후 소련 공산당의 힘이 약해져
소비에트 연방이 해체되는 계기가 됐어.
빠지 직!
내가 생각한 건
이게 아닌데.
소비에트
연방
휴~

하지만 고르바초프의 개방 정책은
동유럽 국가의 민주화에 큰 영향을
주었지.
곧 색깔을 바꿔야겠군.

1983년 9월 1일 서울행 대한항공 여객기가 케네디 공항을 출발했어.
몇 년 만에 고국에 돌아가는 거죠?
아마 10년쯤 됐지.

그런데 소련 사할린 남서해안 상공에서 소련 전투기의 공격으로 추락했지.
한국인 81명을 포함한 탑승자 269명이 모두 죽었어.

세계 각국은 비무장 민간 항공기를 공격한 소련의 만행을 비난했어.
모스크바 취항을 중단한다!
국제 조종사 협회

하지만 소련은 몇 번 경고했지만 비행을 계속해 격추시켰다고 주장했지.
KAL기는 소련 영공을 침범했습니다.

이 사건으로 한국이 공산 국가와 잘 지내보려고 했던 노력은 헛일이 됐어.
잘 가!
그동안 꽤 친해졌는데….

또한 한국에서 1988년 9월에 열릴 예정이었던 올림픽 추진에 먹구름을 끼쳤지.
대한 체육회
올림픽을 제대로 열어야 할 텐데….

한편 미국과 소련 사이에 막 싹트고 있던 화해의 기운이 다시 얼어붙었어.
반기워요.
아는 척하지 마요.
흥!

그뿐만 아니라 일본 보수 세력은 힘을 길러야 한다고 주장했지.
일본 스스로 나라를 지킬 수 있는 힘을 갖춰야 한다!

그리고 유럽에서는 반핵 평화 운동의 입장을 난처하게 만들었어.
들고 있자니 쑥스럽네.
핵 반대

하지만 소련의 만행을 비난했던 중국이 유엔 안보리 회의의 투표에서는 기권하는 등 소련은 국제 사회의 어떤 제재도 받지 않았지.
기권하겠소.
말과 행동이 다르오!

사건이 있고서 10년이 지난 1993년 국제 민간항공 기구는 마지막으로 조사한 결과를 발표했어.
영공 침범은 조종사의 실수였습니다.
소련군은 상황을 제대로 확인하지 않고 공격했습니다.

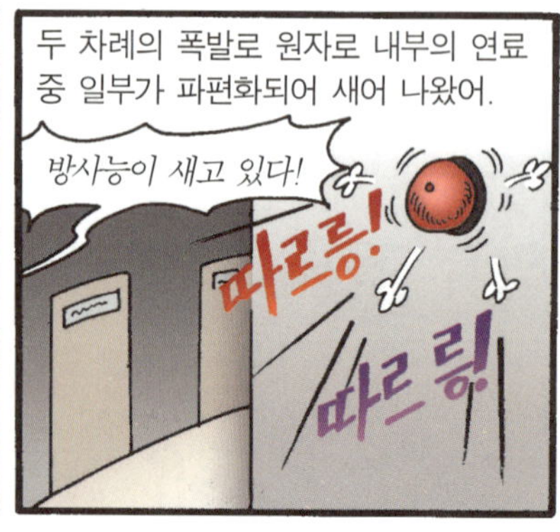

* 주민이 대피한 후 오늘날까지 버려진 프리피야트

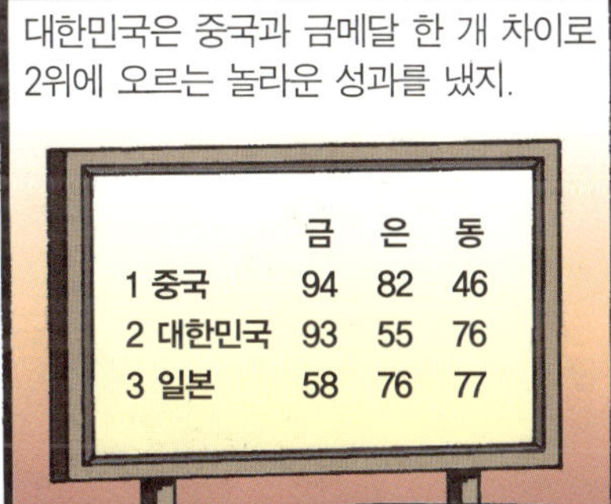

대한민국은 중국과 금메달 한 개 차이로 2위에 오르는 놀라운 성과를 냈지. 표:

	금	은	동
1 중국	94	82	46
2 대한민국	93	55	76
3 일본	58	76	77

* 시위가 일어났던 텐안먼 광장

1987년 1월 14일 서울대 학생 박종철이 남영동 대공분실에서 물고문으로 죽었어.
박종철 군이 고문을 받다가 죽었대.

전두환 정권은 고문치사 사실을 숨기려고 허황된 발표를 했지.
책상을 탁 치니 억 하고 쓰러졌다고!
세 살 먹은 애도 웃겠다.

4월 13일 전두환 대통령은 개헌 논의를 뒤로 미룬다는 특별 담화를 발표했지.
국력을 낭비하는 개헌 논의를 지양하고….

6월 9일 4·13 조치 철회 시위 도중 연세대 학생 이한열이 최루탄에 맞아 다쳤지.
안타깝게 한 달 뒤에 죽었어.

이런 사건들이 도화선이 되어 6월 10일 전국에서 민주화 시위가 벌어졌어.
4·13 조치 철폐! 독재 정권 타도!
독재 타도

오후 6시 택시 운전수들이 경적을 울리자 버스에 탄 시민들이 손수건을 흔들었지.
빵! 빵빵!
빵!

한편 이날 민주정의당은 전당 대회에서 노태우를 대통령 후보로 지명했어.
축하합니다.
많이들 노와주세요.

6월 26일에는 전국 37개 도시에서 국민 평화 대행진 시위가 열렸지.
국민 평화 대행진

특히 넥타이 부대도 시위에 참여해 시민 항쟁으로 비꼈어.
회사 조퇴하고 나왔어요.
나도요.

마침내 6월 29일 노태우는 8개 항의 시국 수습 내용이 담긴 6·29 선언을 발표했지.
여러분, 직선제 개헌 요구를 수용하겠습니다.

이에 민주헌법쟁취 국민운동본부와 재야 단체도 성명을 발표했어.
양심수 모두를 석방하라!

그 후 1987년 10월 국민 투표를 거쳐 대통령 직선제로의 개헌이 이루어졌지.
대통령 직선제 개헌
국민들이 싸워 얻은 승리야.

1949년부터 12년 동안 250만 명의 동독 기술자와 지식인이 서독으로 넘어갔어.
우리를 원하는 곳으로 갑시다.
서독

그 때문에 경제가 큰 피해를 입자 동독 인민 회의는 1961년 베를린 장벽을 세웠지.
서베를린으로 통하는 모든 길을 막으래.

베를린 장벽은 66킬로미터의 이중 철망, 55킬로미터의 단선 철망, 25킬로미터의 콘크리트 벽이었어.

* 베를린 장벽

1963년 크리스마스에 베를린 장벽을 일시 개방해 주민 왕래를 허용하기도 했지.
빨리 갔다 오시오.

1989년 헝가리가 오스트리아 국경을 개방하자 수천 명이 서독으로 몰렸어.
오스트리아를 거쳐 서독으로 가세요!

마침내 11월 9일 동독은 베를린 장벽과 모든 경계를 개방한다고 발표했지.
마음껏 왔다 갔다 하자고.

이후 베를린 장벽을 넘는 동독 사람들이 시간당 3,000여 명으로 늘어났어.
다 갈 수 있으니 밀지 마요.

자유의 품으로 넘어오는 동독 사람들의 머리 위로 맥주와 샴페인이 쏟아졌지.
환영합니다!

서독 신문은 일제히 '우리는 하나'라는 제목으로 감동의 현장을 전했어.
자유의 땅으로 넘어온 동독인과 서독인은 서로 얼싸안았다.
우리는 하나

그 뒤 베를린 장벽을 허무는 데 3년이 걸렸고, 1억 마르크의 돈이 들었지.
흙과 콘크리트 더미가 75만 톤이나 나왔대.

독일을 동서로 갈랐던, 냉전 체제의 상징 베를린 장벽은 역사 속으로 사라졌어.
우리 마음의 벽을 허문 것 같아요.

1990년 10월 3일 서독이 동독을 흡수 통합하는 형식으로 독일은 통일되었지.
어서 내 품으로 와요.
동독　서독

1987년 12월 16일, 15년 만에 부활한 대통령 직선제로 대통령 선거가 치러졌어.
내 손으로 대통령을 뽑으니 기분 좋군.

이 선거에서 민주정의당의 노태우가 분열된 야당 후보들을 누르고 당선되었지.
난 청와대로 갈 테니 두 분은 그만 싸우세요.

그리고 노태우가 1988년 2월 25일 대통령에 취임하면서 제6공화국이 출범했어.

1988년 제13대 국회 의원 선거에서 민주정의당이 과반수 의석을 얻지 못하자, 1990년 3당 합당으로 민주자유당을 만들었지.
야당 의원이 여당 의원보다 많으면 정국이 혼란해집니다.
좋아요, 우리 셋이 한집에서 삽시다.

그리고 박철언을 대통령 후계자로 삼았지만 김영삼과 구 민주계가 저항하자 대권 후보자직과 총재직을 김영삼에게 넘겨주었어.
총재님, 각하로 불릴 날이 곧 올 겁니다.

노태우 대통령도 12·12 사태를 주도했지만 제5공화국 때보다 부드러웠지.
난 전두환 전 대통령과 다르니 긴장하지 말게.

그러나 국가 안전 기획부가 도청까지 할 정도로 국내 정치 개입이 여전했어.
꼼꼼히 체크하게.

독재 정권에서나 볼 수 있는 일도 벌어져 학생 운동이 자주 일어났지.
데모하러 안 가?
민주화되려면 아직 멀었나 봐.

직접 선거로 뽑힌 대통령이었지만 노태우 역시 군인 출신 정치인이었어.
현 정권은 전두환 정권의 연장입니다.
시국 강연회

5·18 민주화 운동 때도 진압하는 입장이었고 5공 비리를 깨끗이 해결하지 못했지.
음, 적당히 치우라고 하셨지.
5공 비리

비리의 중심인 전두환에게도 징역을 선고하지 않고 백담사로 보냈어.
백담사에 잠시 가계시라고 하셨습니다.
대통령만 믿는다고 전하게.

* 독일 통일 당시 베를린의 모습

1981년 올림픽 개최지를 결정할 때 서울은 일본의 나고야와 맞대결을 했어.
올림픽 후보 도시는 서울과 나고야입니다.

서울은 경제적으로 급성장한 일본의 나고야에 경쟁에서 뒤져 있었지.
대한민국은 분단되어 있기 때문에 위험합니다.

투표일인 1981년 9월 30일까지도 서울이 이길 가능성은 크지 않았어.
몇 표 차로 이길까요?
어쨌든 나고야가 이겨.
바덴바덴

그러나 개표 결과 서울이 52 대 27로 나고야를 누르고 개최지로 결정되었지.
서울!
와, 바덴바덴의 기적이야!

제24회 올림픽은 1988년 9월 17일부터 10월 2일까지 열렸어.
IOC 회원국의 대부분인 160개국이 참가했지.

사실 대한민국은 분단국가여서 공산 국가의 참가 문제가 민감했지.
서울 올림픽은 반쪽 대회가 되지 않을까?
지켜봅시다.
IOC

그나마 다행인 깃은 중국과 동독이 일찌감치 참가를 선언한 거였어.
올림픽 참가 거부는 잘못입니다.
중국은 참가할 것입니다.

이에 김우용 IOC 위원을 비롯한 관계자들이 발 벗고 나서 소련 측을 설득했지.
소련이 참가해야 진정한 올림픽이 됩니다.

마침내 소련과 헝가리, 폴란드 등 동유럽 공산 국가가 참가를 선언했어.
저리 갑시다.
서울 올림픽

대회 조직 위원회는 북한의 참가를 이끌어내기 위해 노력했지만 끝내 북한은 거부했지.
문은 항상 열려 있어요.
서울 올림픽
뭐라 해도 절대 참가 안 해요.

대한민국은 서울 올림픽을 계기로 공산 국가와 사이가 좋아져 동유럽 국가들과 외교 관계를 맺었지.
대단해요!
난 대한민국이 가난한 나라인 줄 알았어요.

1961년 쿠웨이트는 영국으로부터 독립한 후 이라크와 국경 분쟁이 일어났어.
우리 땅 내놔!
쿠웨이트
이라크

1980년 이란·이라크 전쟁이 일어나자 쿠웨이트는 국경 분쟁 지역에 유전을 설치했지.
전쟁하느라고 정신이 없을 때 더 만들어야 해.

이라크는 이란·이라크 전쟁이 끝나자 쿠웨이트에 유전 설치를 항의했어.
감히 우리 석유를 훔쳐?

마침내 1990년 8월 2일 이라크는 30만 대군을 이끌고 쿠웨이트로 쳐들어갔지.
우리 땅을 찾으러 가자!
쿠웨이트

3만 명의 쿠웨이트군은 금세 무너졌고 세 시간 만에 수도를 점령당했어.
고향에 돌아온 기분이야.
찰까!

쿠웨이트 국왕은 사우디아라비아로 피했고, 유엔 안보리는 이라크에 철수를 요구했지.
철수…? 쿠웨이트를 합병한다.

미국은 사우디아라비아에 항공모함과 최신 전투기를 배치하고 다국적군을 구성했어.
우리가 도우러 왔어.

미국 등이 평화적으로 해결하려 했으나 소용없자 유엔은 무력 사용을 허용했지.
때려서라도 버릇을 고치세요.
UN

1991년 1월 17일 사막의 폭풍 작전이 시작돼 이라크와 쿠웨이트를 폭격했어.
40여 일 동안 폭격해 쑥밭으로 만들었지.

이라크 전투기는 폭격으로 출격도 하지 못했고 다국적군에게 상대가 되지 않았지.
쳇, 비행기를 타야 싸우지.

2월 24일 다국적군의 대규모 지상군은 항공기의 호위를 받으며 앞으로 나아갔어.

전쟁이 일어난 지 42일 만에 부시 대통령이 전투를 멈추면서 전쟁은 끝났지.
이라크군은 물러갔으며 쿠웨이트는 해방되었습니다.

제46차 유엔 총회는 1991년 9월 18일 남북한과 7개국의 유엔 가입 결의안을 표결 없이 만장일치로 통과시켰어.

이로써 42년 만에 유엔 가입이 이루어져 북한은 160번째, 대한민국은 161번째의 유엔 가입국이 되었지.

우리나라의 유엔 가입 노력은 1949년 1월 19일 가입 신청서를 내면서부터 시작됐어.

그러나 소련의 거듭된 반대와 거부권 행사로 계속 벽에 부딪혔지.

유엔에 가입하려면 안보리 국가 중 어느 한 나라도 반대가 없어야 했어.

결국 남북이 동시에 가입히는 방안이 검토되었지만 북한의 반대로 이뤄지지 않았지.

그러던 중 1990년 샌프란시스코에서 노태우·고르바초프의 회담이 열렸어.

이후 소련은 한국과 국교를 맺고 유엔 가입을 반대하지 않겠다고 했지.

이날 부시 미국 대통령과 72개국이 남북 유엔 동시 가입을 지지했어.

한편 중국도 1990년 10월 20일 한중 무역 사무소 개설을 합의했지.

결국 1991년 5월 27일 북한도 유엔 가입 의사를 밝혔어.

고르바초프 서기장은 재임 시 민족 문제에 시달렸으며 경제는 어려웠어.
시장 경제를 들여왔는데 왜 경제가 나빠지는 거야?

고르바초프는 그루지야, 아제르바이잔, 발트 3국의 독립 요구를 무력으로 제압했지.
어떻게 해서든 막으시오. 아니면 연방이 무너집니다.

이러한 어려움을 겪는 동안 러시아 공화국 사람들은 옐친에게 돌아섰어.
옐친이야말로 우리의 지도자다!

1985년 옐친은 모스크바 시 당 제1서기로 뽑혔고 공산당 정치국원이 되었지.
옐친 동지, 축하합니다.

옐친은 고르바초프가 자신의 정책을 지원하지 않으리라는 것을 알았어.
휴, 벽이 너무 높아.
휴
고르바초프

결국 옐친은 제1서기에서 물러났고, 1987년에는 정치국원에서도 제외됐지.
이제 넌 끝이야.

그러나 옐친은 1989년 3월 인민 대표 회의 선거에서 크게 이긴 후 주목받기 시작했어.
내가 다시 돌아왔어.

옐친은 의회에서 고르바초프와 소련 공산당, 부진한 경제 개혁을 비판했지.
옐친이 눈엣가시야!
확 뽑아버리세요.

1991년 3월 고르바초프는 소련의 미래에 대한 국민 투표를 제의했어.
우리 손으로 직접 대통령을 뽑아야 해.
옐친이 최고야.

1990년 6월 러시아 공화국은 주권을 선포하고 러시아 법이 최우선이라고 했지.
우리끼리 살아요.
러시아

옐친은 새 연방을 만들어 러시아가 주도적인 역할을 하겠다는 의지를 보였어.
공산당 활동을 금지하며 연방 해체를 원합니다.

마침내 소련은 1991년 12월 31일 해체되었고, 독립 국가 연합이 결성되었지.
이젠 미국이 초강대국이야.
하하하
독립 국가 연합

한창 무덥던 1992년 8월 9일 바르셀로나 올림픽 마라톤 경기가 열렸어.
올림픽의 꽃인 마라톤 경기가 시작되었습니다.

한국의 마라톤 선수 황영조는 일본의 모리시타에 이어 2위로 달리고 있었지.

그런데 황영조가 몬주익 언덕에서 일본의 모리시타를 따돌리고 금메달을 땄어.
황영조, 황영조 선수 금메달입니다!
와! 만세!
만세!

황영조는 처음 출전한 1988년 경부 역전 마라톤 대회에서 신인 선수상을 받았지.
하하하. 우리 학교의 명예야.

1991년에는 영국 셰필드 유니버시아드 대회에서 1위를 차지해 주목을 받았어.
무명 선수가 대회 최고 기록을 세웠습니다.
눈여겨볼 선수 같습니다.

1992년 2월 일본 벳푸 마라톤 대회에서는 두 시간 8분 47초로 2위를 차지했지.
한국 최고 기록이었어.
한국 마라톤의 희망, 황영조!

하지만 황영조를 올림픽 우승자로 점친 사람은 아무도 없었어.
연습해온 대로 힘껏 달리면 돼.

바르셀로나 올림픽 마라톤 코스는 30킬로미터 지나 언덕이 나오는 힘든 코스였지.
드디어 죽음의 언덕이군.

그러나 황영조는 함께 달린 일본의 모리시타 선수를 보고 이를 악물었어.
이겨야 해. 일본을 이겨야 우리의 한을 풀 수 있어.

황영조는 내리막에서 모리시타를 제치고 두 시간 13분 23초로 골인했어.
내리막에서 승부가 갈리지 않는다는 통념을 깼대.

1936년 베를린 올림픽에서 우승한 손기정에 이어 56년 만에 이룩한 쾌거였어.
장하다. 황영조!

황영조는 2위인 모리시타와의 차이를 크게 벌리고 1위로 골인한 뒤 쓰러졌지.
이후 몬주익의 영웅이라고 불렸어.

* 반덤핑 관세: 덤핑을 방지하기 위하여 덤핑 상품에 매기는 징벌적인 관세

1992년 3월 실시된 제14대 총선에서 민주자유당은 과반수를 얻지 못했어.
휴, 야당에게 참패했어요.
계파끼리 치열하게 공천 경합을 벌인 후유증입니다.
제14대
총선

당내의 다수파인 민정계는 당 대표인 김영삼에게 패배의 책임을 씌우려 했지.
김영삼이 이끌던 민주계는 부산을 빼고는 모두 참패야.
대표직에서 물러나야 해.
민정계

사실 3당 합당 때 김영삼은 노태우, 김종필 등과 내각제에 이면 합의를 했었어.
내각제 합의는 우리끼리만 알고 있읍시다.

하지만 김영삼은 노태우를 밀어붙여 없던 일로 하고 원내 총무 김윤환을 끌어들였지.
총무님만 믿습니다.
이제 경쟁자가 안 무서워.

그 뒤 일부 민정계와 공화계의 반발을 누르고 민주자유당의 대통령 후보가 됐어.
힘을 합해 김영삼 대표를 대통령으로 만듭시다.

결국 김영삼은 다시 민주자유당 대표 최고 위원이 되었고 대통령 선거에 출마했지.
나 김영삼을 대통령으로 뽑아주시면…

1992년 14대 대통령 선거는 김영삼, 김대중, 정주영 후보의 삼파전이었어.
누굴 뽑아야 하나?

한편 김기춘 의원이 부산 초원복집에 지역 기관장들을 모아놓고 지역감정을 부추겼지.
우리가 남이가? 이번에 안 되면 영도다리에서 빠져 죽자!
그래요, 김영삼 후보를 밀어줍시다.
초원복집

정주영 후보 측은 이런 사실을 폭로했지만 불법 노청 때문에 공격을 받았어.
불법 도청을 한 정주영은 사퇴하라!
사퇴하라!

군사 정권 세력은 정호용이 김영삼을 지지하자 김영삼과 김종필 지지로 세가 나뉘었지.
난 김종필을 지지하겠소.
그러지 말고 같은 경상도이니 김영삼을 밀어줘요.
김종필

이후 김영삼은 구 민주당계와 경남, 부산의 표심을 잡아 대통령에 당선됐어.
휴, 지역감정 때문에 졌어.

김영삼 대통령 취임으로 제6공화국의 두 번째 정부인 문민정부가 출범했지.
최초로 민간인이 정권을 잡은 정부였지.
문민정부
와!

* 국제 무역 헌장: 자유 통상을 원칙으로 삼고 세계 경제의 확대와 균형을 목적으로 함

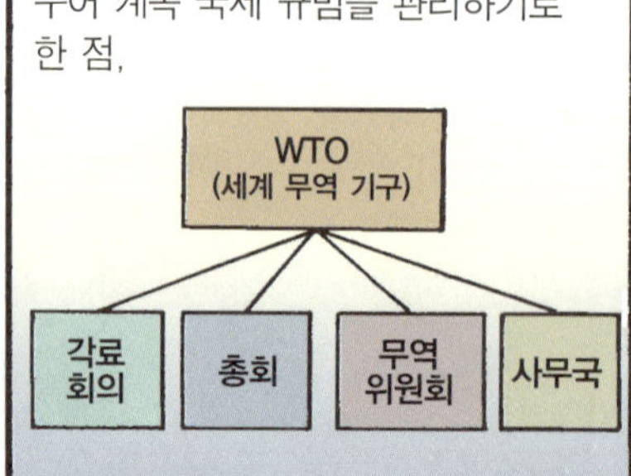

1981년 11월 우리나라도 위성을 들여와야 한다는 필요성이 제기됐어.
텔레비전이 또 안 나와요.
우리나라도 통신·방송 위성이 있으면 해결될 텐데.
찌~직!

그래서 체신부 장관을 위원장으로 타당성 연구 조사 위원회가 구성되었지.
통신·방송 위성 사업이 타당성 있는지 조사해봐요.
체신부

그리고 1984년 2월 위성 도입을 1990년대 중반으로 연기한다는 결정을 내렸어.
연기한다는 걸 보니 아직 우리나라가 능력이 안 되나 봐.

1988년 8월에는 위성 확보 기본 계획이 세워졌고, 종합 계획을 세우기로 했지.
이걸 바탕으로 종합 계획을 세우면 됩니다.

1989년 5월 위성 사업 추진 전담반, 9월에는 위성 사업 추진 위원회가 구성됐어.
위성 사업은 잘되고 있소?
네, 장관님!

같은 해 12월에는 통신·방송 위성 사업 종합 추진 계획안이 확정됐지.
계획안은 마련됐고, 이제 위성만 발사하면 되겠군.

마침내 1995년 8월 5일 무궁화 1호가 미국 케이프커내버럴 우주 기지에서 발사됐어.
성공입니다!

이로써 과학 위성인 우리별 1·2호에 이어 세 번째 인공위성을 갖게 됐지.
우리 동생이야.
아이, 좋아라.

그뿐 아니라 우리나라는 세계에서 22번째로 통신·방송 위성 보유국이 됐어.
과학자 여러분의 공이 큽니다.
우리도 곧 과학 선진국이 될 것입니다.

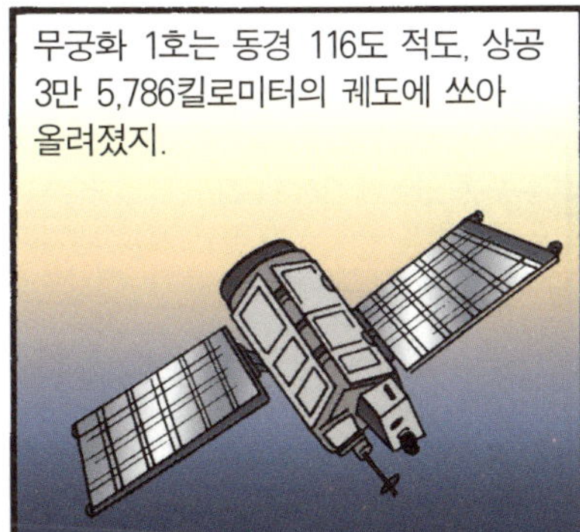
무궁화 1호는 동경 116도 적도, 상공 3만 5,786킬로미터의 궤도에 쏘아 올려졌지.

하지만 지나친 연료 소모로 10년으로 예상했던 위성의 수명이 4년 4개월로 줄었어.
2005년 12월 궤도를 벗어나 우주 공간 속으로 사라졌어.

무궁화 1호는 일본, 중국, 러시아의 재외 동포에게도 방송을 할 수 있게 했지.
아, 조국의 방송을 볼 수 있다니 감동적이야.
일본

홍콩은 중국의 특별 행정구로 홍콩 섬과 신제, 230개의 딸린 섬으로 되어 있어.

* 홍콩 섬의 모습

1841년 홍콩 섬은 영국에 점령됐고, 난징 조약에 의해 영국으로 넘어갔지.
ㅎㅎㅎ! 우리 땅이야!
홍콩 섬

1842년 영국은 홍콩 섬에 빅토리아 시티를 세우고 총독부를 만들었어.
빅토리아 여왕을 기념하는 도시라니 감개가 무량해.
빅토리아 시티

1860년 청나라가 제2차 아편 전쟁에서 영국에 져 주룽이 영원히 영국에 넘어갔지.
땅문서 빨리 내놔!

1898년 이후 영국은 홍콩과 이웃한 북부 섬과 신제를 99년 간 통치했어.
잘 가.
그동안 정이 많이 들었는데 섭섭해.
신제

19세기 홍콩은 영국의 주 무역항으로 영국의 물건이 모이는 곳이었어.
쳇, 전부 영국 물건이야.
made in England

그 무렵 홍콩은 아시아의 영국령 중에서 빅토리아 문화가 가장 번성한 곳이었어.
마치 우리나라에 온 것 같아.

1949년 중국이 세워지자 많은 사람들이 중국 공산당을 피해 홍콩으로 도망쳤지.
거기 서!
공산당이 없는 곳에서 살 거야.

1978년 중국이 경제 개혁을 시작하자 홍콩은 외국인 투자의 주요 공급원이 되었어.
참 매력적인 도시야.

1982년 9월 영국 대처 수상이 중국을 방문해 홍콩 문제를 깊이 의논했지.
홍콩은 반드시 돌려주겠습니다.
기대하겠습니다.

그 후 22차례의 회담 끝에 1984년 12월 19일 홍콩 반환 조약을 맺었어.
1997년까지 홍콩을 돌려주겠어요.

이 조약에 따라 마침내 홍콩은 1997년 중국에 반환되었지.
홍콩은 영국에게서 독립했소.
주인만 중국으로 바뀐 게 아닌가?

우리나라는 1997년 경제 위기를 맞고 IMF(국제 통화 기금)에 도움을 구했어.
IMF, IMF!
도와달라!

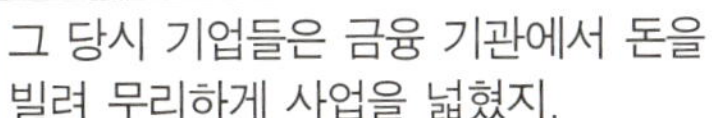

그 당시 기업들은 금융 기관에서 돈을 빌려 무리하게 사업을 넓혔지.
이 돈을 바탕으로 크게 벌어야지.
○○은행

금융 기관은 눈앞의 이익만 좇아 기업들에게 무조건 돈을 빌려 주었어.
빨리 와서 돈 빌리세요.
○○은행

해외여행과 수입품의 소비가 늘었지만 수출이 줄어 외화가 부족해졌지.
날마다 해외여행만 다니면 좋겠어요.
자주 가지 뭐.

지나치게 빚을 얻은 기업과 빌려 준 돈을 받지 못한 금융 기관이 문을 닫았어.
△△기업
줄줄이 망하는군.
○○은행

또한 문을 닫는 회사가 늘어나면서 실업자가 급격히 늘어났지.
휴, 일자리를 빨리 얻어야 할 텐데.

결국 1997년 국제 수시 직자가 계속되고 외화가 부족해져 외환 위기를 맞았어.
달러가 부족해서 큰일입니다.
장관, 어떻게든 해보시오.

1997년 11월 정부는 IMF에 구제 금융을 신청해 고비를 넘겼지.
583억 달러를 몇 년에 나누어 지원해주겠소.
국제 통화 기금

이후 정부, 기업, 국민은 외환 위기를 극복하려고 온 힘을 기울었어.
국민 여러분, 모두 힘을 합해 외환 위기를 이겨냅시다.

국민들은 소비를 줄이고 금 모으기 운동, 달러 모으기 운동 등으로 외화를 모았지.
금 모으기 운동
티끌 모아 태산입니다.

기업은 이익이 나지 않는 사업과 직원을 줄이는 구조 조정을 실시했어.
여러분, 꼭 다시 부를게요.

마침내 우리나라는 2001년 8월, 빌린 돈을 모두 갚으면서 외환 위기를 벗어났지.
졸업을 축하합니다.
IMF 대학

* 평가 절하: 통화의 대외 가치를 내리는 일
* 변동 환율: 외환 시장의 수요와 공급에 따라 자유롭게 변동하게 하는 환율

* 정보·통신 벤처의 거리 테헤란로

코소보는 세르비아 왕국이 나라를 세운 곳이었으나, 오스만 제국에게 점령당했어.
깃발 이리 줘!
세르비아

그 뒤 코소보에 알바니아인을 집단 이주시키면서 세르비아인과 갈등이 생겼지.
알라를 섬기는 저 민족이 마음에 안 들어.

1945년 티토가 이끌던 유고슬라비아는 코소보에 자치주의 지위를 주었어.
나 티토는 당신들에게 자치를 허용하노라!
티토! 티토!

그러나 1989년 밀로셰비치 세르비아 대통령이 코소보의 자치권을 빼앗았지.
대세르비아 건설을 위해 내 지배를 받아야 해.
코소보

사실 코소보는 90퍼센트 이상이 알바니아인이라서 세르비아인이 소수 민족이었어.
우리보다 수가 적은 민족의 지배를 받을 순 없어.
코소보

1992년 알바니아인들이 코소보 공화국을 선포하면서 두 민족은 자주 싸웠지.
우린 누구의 지배도 받지 않는 독립국이다!
코소보 공화국

1995년 12월 알바니아인들은 코소보 해방군을 만들어 무장 투쟁을 했어.
완전한 독립을 위해 싸우자!
해방군

이에 세르비아도 코소보 해방군에 대해 대대적인 소탕 작전을 벌였지.
말로 할 때 깃발 내놔!

결국 1998년 3월 알바니아인들이 세르비아 경찰을 공격해 코소보 사태가 일어났어.
우리의 소원은 오직 독립이다!
탕! 탕!

세르비아는 알바니아인에 대한 보복으로 이른바 '인종 청소'를 벌였지.
알바니아인을 모조리 쓸어버려!
네!

미국과 유럽 연합은 세르비아를 공습해 밀로셰비치 대통령에게 항복을 받아냈어.
쾅!
나토
세르비아
밀로셰비치는 유엔 전범 재판소로 보내졌지.

한편 2008년 2월 17일 코소보 의회는 만장일치로 코소보 독립을 결정했지.
코소보 의회
코소보 독립 만세!

1980년대까지 남북한은 모두 정상 회담의 필요를 느끼지 못했어.
휴전선

북한의 통일 노선은 사회주의 국가 건설이었으므로 남한과 대화를 하려고 하지 않았지.
공산당
모두 모여라!

남한 정부도 굳이 북한과 대화할 필요를 느끼지 못했어.
통일보다는 잘사는 나라 건설이 먼저야.

그러나 1980년대에 들어서면서 남북은 대화의 움직임을 보이기 시작했지.
벽이 너무 높아.
조금 낮출까?

1982년 전두환 대통령이 남북 정상 회담을 제의했으나 북한이 거절했어.
북남 정상 회담은 아직 때가 아니다.

1988년에는 김일성 주석이 남북 최고위급 회담을 위해 노력하겠다고 발표했지.
빠른 시일 안에 남북 정상 회담을 열자고 북측에 제안하시오.
청와대

김영삼 대통령과 김일성 주석은 1994년 7월 25일 평양에서 정상 회담을 열기로 했어.
전과는 확실히 다르십니다.
문민정부 아닌가?

그러나 김일성 주석이 갑자기 죽는 바람에 남북 정상 회담은 취소되었지.
힝! 다 된 밥에 코 빠뜨린 격이야.
꽝!
김일성 주석 사망
일보

이후 김대중 정부 때인 2000년 6월 역시적인 남북 정상 회담이 열렸어.
잘 오셨습니다.

김대중 대통령은 평양에서 김정일 위원장과 회담을 갖고 남북 공동 선언을 발표했지.
한반도의 통일과 평화 정착을 위해….

남북 정상 회담은 남북 관계를 적대 관계에서 공존 관계로 바꾸는 계기가 됐어.
세계가 우릴 주목하고 있습니다.

또한 이산가족 문제를 해결하고 남북이 대규모 경제 협력을 꾀하는 길이 열렸지.
축 금강산 관광

유로화는 유럽 연합의 공식 통화로 1999년에 처음 알려졌어.

1999년 1월 1일 독일, 프랑스, 이탈리아 등 11개국은 유로를 단일 통화로 채택했지.
이제부터 이 돈을 써야 한단 말이지.
유로
프랑스

이후 동전과 지폐로 된 유로화는 10년 만에 유럽 통화로 뿌리내렸어.
100유로라… 환율을 안 따져도 되니까 좋군.

단일 통화로 회원국의 경제 교류가 많아지면서 일자리도 새로 생겼지.
독일에 일자리가 생겼어.
몸조심해.
이탈리아

핀란드와 국경을 맞댄 스웨덴의 하파란다는 1998년만 해도 작은 마을이었어.
하파란다

하지만 지금은 해마다 200만 명이 찾는 관광 명소로 변했지.
어디로 갈 거야?
요즘 뜨고 있는 하파란다 어때?

세계적으로 유명한 이케아 가구점이 들어서면서 핀란드, 러시아 등에서 많은 관광객이 찾아오기 때문이야.
이케아 가구
여기 가구가 싸고 좋대요.
빨리 들어가 봐요.

스웨덴은 유로화 사용 국가의 모임인 유럽 통화 동맹에 가입하지 않았지만 외국 관광객은 유로화를 쓸 수 있게 했지.
환전할 필요가 없어서 편해요.
옛소.

유로를 쓰는 유럽 연합 가입국과 비가입국 9개국을 유로존이라고 해.
유로존
빨리 가입하세요.

슬로베니아는 2007년, 몰타와 키프로스는 2008년 1월 1일 유로존에 가입했지.
여기요, 여기!

2009년 1월 1일 슬로바키아가 유로존에 가입하면서 총 16개국으로 늘어났어.
회원국이 꽤 늘었군.

1930년 우루과이에서 처음 열린 월드컵은 FIFA(국제 축구 연맹)가 주최하는 축구 대회야.

인종, 이데올로기, 국경, 국가 간 이해관계를 뛰어넘는 스포츠 축제야.

제17회 월드컵은 2002년 5월 31일부터 6월 30일까지 한국과 일본에서 열렸어.

한국과 일본의 20개 도시에서 열렸어.

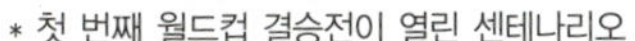

* 첫 번째 월드컵 결승전이 열린 센테나리오

21세기의 첫 월드컵이자 아시아에서 열린 첫 월드컵이었지.

그리고 70여 년 FIFA 월드컵 사상 최초의 공동 개최 대회라는 의미를 지녔어.

한국과 일본은 새 천년, 새 만남, 새 출발을 기본 이념으로 대회를 잘 치렀지.

브라질이 우승했으며, 준우승은 독일, 3위는 터키, 4위는 한국, 공동 개최국 일본은 16강에 올랐어.

특히 한국은 월드컵 참가 48년 만에 첫 승, 16강, 8강, 4강에 올랐는데 아시아 최초로 4강 신화를 이룩했지.

또한 붉은 악마를 중심으로 한 온 국민의 길거리 응원도 전 세계의 이목을 받았어.

자동차도 응원단의 구호에 맞춰 경적을 울렸지.

2002년 월드컵은 대한민국 국민의 가슴을 뜨겁게 하는 추억 중 하나야.

* 아프가니스탄으로 진격하고 있는 미국 해병

노무현은 2002년 12월 19일 대통령 선거에서 한나라당의 이회창 후보를 누르고 당선됐어.

2003년 2월 25일 제16대 대통령으로 취임한 노무현은 참여정부를 내세웠지.

노무현은 대선 때 인터넷으로 젊은 층의 많은 지지를 얻었지.

2003년 1월 14일 "토론을 국정 운영 방법으로 정했으면 한다"고 했어.

노무현 정부는 국정 목표로 먼저 국민과 함께하는 민주주의를 내세웠지.

또한 더불어 사는 균형 발전 사회, 평화와 번영의 동북아시아 시대 등을 제시했어.

그리고 부동산 투기를 없애려고 힘을 기울였지만 좋은 결과를 얻지는 못했지.

한편 아시아에서 최초로 미국과 역대 최대 규모의 자유 무역 협정(FTA)을 맺었어.

대통령의 임기를 마친 노무현은 고향인 김해시 봉하 마을로 내려갔지.

이후 봉하 마을은 관광객이 줄을 이었고, 노무현은 친근한 대통령으로 다가왔어.

그러나 2009년 5월 23일 고향 뒷산에서 뛰어내려 스스로 목숨을 끊었지.

* 노무현 전 대통령의 죽음을 슬퍼하는 시민들

1990년에 일어났던 걸프 전쟁 때 미국은 이라크의 후세인을 처리하지 못했어.
아무리 폭격해도 끄떡없어.

이후 미국은 중동에서 힘을 과시하고 휘어잡으려 했으나 효과가 없었지.
어때?
무서워할 줄 알아?
흥!

한편 이라크는 서방 세계와 몰래 석유를 거래했어.
필요하면 언제든지 말해요.

그리고 서방 세계로부터 무기를 들여왔고 무기 공장을 건설하기 시작했지.
빨리 나눠 줘야지.

이라크는 쿠웨이트와의 전쟁 후 질서를 잡으려는 미국의 힘을 견제한 것이야.
어디 가?
내 갈 길 가는 거야.

게다가 이라크가 러시아 등과 손을 잡자 미국은 견제할 필요를 느꼈지.
자꾸 까불래?
쾅 쾅 쾅
러시아

또한 미국은 9·11 테러에 이라크가 직간접적으로 연관되어 있다고 믿고 있었어.
너도 한몫했지?
뭘?

결국 2003년 3월 20일 미국 대통령 부시는 전쟁을 선포했지.
테러 집단을 혼내자!

세계는 전쟁이 일어나면 이라크 국민이 재난을 당할 거라며 전쟁을 반대했어.
NO! WAR!

러시아, 프랑스, 독일, 중국 등은 반전 운동에 불을 붙였고 부채질을 했지.
더 활활 타올라라.
전쟁 반대

하지만 미국은 최첨단 무기를 앞세워 100만 명이 넘는 이라크군을 공격했어.
쑥대밭으로 만들어라!
쾅

결국 후세인의 두 아들이 폭탄에 죽고 후세인이 체포됨으로써 전쟁이 끝났지.
이라크여, 하나로 뭉쳐라!

* 기름을 제거하고 있는 자원봉사자들

205

* 타이 아오낭에 밀어닥친 해일

2008년 2월 10일 오후 8시 40분경, 국보 1호인 숭례문에 불이 났어.
숭례문에 불이 났다.
어디!! 어디!

소방차가 불을 껐으나, 2월 11일 오전 1시쯤부터는 2층 누각이 서서히 무너졌지.
무너지지 않게 조심해.

결국 불이 난 지 다섯 시간 만인 오전 1시 50분경 대부분 타버려 모두 무너졌어.

* 화재로 무너진 숭례문

처음에는 화재 원인에 대한 의견이 누전, 합선, 방화 등으로 엇갈렸지.
아직 숭례문 화재의 원인은 정확히 밝혀지지 않았습니다.

하지만 불이 난 후에도 전등이 꺼지지 않았다는 점에서 방화로 추정됐어.
전등이 켜져 있었다는데.
그럼, 누전 사고는 아니야.
수사과

결국 이미 창경궁 문정전에 불을 지른 적이 있는 채종기를 붙잡았지.
징역 10년을 선고한다.
탕탕

하지만 600년 가까이 내려오던 대한민국의 문화유산 중 하나가 다 타버린 뒤였어.
휴, 흉측해!

이 사건은 대한민국 국민에게 크나큰 아픔으로 남게 되었지.
저 가림막을 빨리 걷어야 할 텐데.

현재 문화재청은 숭례문을 원형에 가깝게 복원할 계획으로 작업을 하고 있어
최대한 본모습을 살려야 해요.

문화재청은 2008년 8월 15일 일반 시민에게 숭례문 복원 현장을 공개했지.
비나이다, 비나이다!

또한 옛 성곽 자리를 그림으로라도 복원하겠다며 도로 위에 옛 성곽 자리를 표시했어.

숭례문은 2013년 5월 4일 완공되어 국민의 품으로 돌아왔지.
숭례문의 잔해를 기초로 복원 작업을 하고 있어.

* 담대하다: 겁이 없고 배짱이 두둑함

* 대통령 취임 선서를 하는 오바마

* 대통령 취임 당시의 이명박

KOREAN HISTORY
WORLD HISTORY

한국사를 알면
세계사가 보인다